ソクラテスの顔

ソクラテス

● 人と思想

中野幸次著

3

CenturyBooks 清水書院

原文引用の際，漢字については，
できるだけ当用漢字を使用した。

ソクラテスについて

ソクラテスの死と現代

われわれは、自分に最大の贈物をするとしたら、なにをおくるであろうか。また、他人にそうしたいときには、なにをするだろうか。今、おまえはかならず死なねばならぬ、と宣告されたとしたら、なにを考えるであろうか。あなたには、死と交換しても、惜しくないものがありますか、ときかれたら、なんと答えるであろうか。さらに、われわれのもっとも深いよろこびはなんであろうか。それはどういうばあいであろうか。はたしてわれわれは、真の幸福を求めているのだろうか。

ソクラテスは、これらの問いに明白な答をしている。すくなくとも、右の問いの一つには解答をあたえている。それをたんにことばで行なったのではない。かれの行動をとおし、身をもって示している。だから、かれは、われわれがこれらの問題にぶつかったとき、その実例をひっさげて迫ってくるのであろう。

ソクラテスは殺されてしまったではないか。死が答であったというのでは、現代人はなっとくしない。かれは逃げれば逃げられたのに、みすみす死刑になったではないか、しかも、無実の罪だというではないか。たしかにそうである。しかし、逃げなかったがゆえに殺された、そこに多くの人は、とまどいながらも、ひきつけられたのではなかったか。ソクラテス！ソクラテス！なぜおまえは逃げなかったのか。そう問いながら、われわれはかれの魅力のとりことなったのではないか。おそらくわたしだったらそうはしない。しかし、かれにはよほどの理由があったに相違ない。そのように、なかば疑い、なかば共感し、逆にソクラテスから、おまえの本心はどうなのか、と質問されて、ぎくりとしたにちがいない。不思議に思いながら、その糸をたぐりよせていくわれわれの心のなかに、いつのまにかソクラテスがはいりこんでいて、ちくりちくりと良心を刺しているからである。かれはわれわれと一心同体になれるなぞの人物なのである。そのなぞがかくもながいあいだ、無数の人びとをひきつけてきたのではないか。それに終止符をうとうとする。ここに現代の一つの課題がある。

　罪のない人が殺されてはならない。いかなる理由があるにせよ、人を殺してはならない。戦争とて例外であってはならない。われわれがソクラテスにセンチメントをささげるのは、かれがこういう精神をうったえているからであろう。そればかりではない。かれはだれよりも人間の真実を明らかにしようとし、それによる幸福を求めた。それがなんであり、いかなる状態であるかを示した。いつ、いかなるときでも、信念をすてなかった。たとえ信念と死との交換を迫られても、知を愛し求めるという信念はすてなかった。無知であることが、どんなに恥であるかを自覚していた。われわれはこのソクラテスにも同感する。もし現代人が、このソクラテスを誠実に生きようとすれば、いったいどうなるか。われわれはそれをよく知っている。ソクラテスの生き方が、人間にふさわしいことを認めておりながら、そう生きる人はきわめて少ないということである。これが現代人の一つの矛盾《むじゅん》である。だから良心がとがめるだけではなく、そうできない自分を、はがゆくも思う。そうして、ソクラテスを、なぜ逃げなかったのか、と問うていた自分自身がむしろ哀れになり、それにしても逃げない真意はなんであったのか、とあらためて自問自答するのである。これはソクラテスが多くの人に共通な真実をなげかけている証拠にならないだろうか。このように、かれのなげかけた波紋《はもん》は、大きい。ある意味で、無限大である。だから、すべての人が、それを、しっかり見つめ、うけとめるべきであろう。つまりソクラテスを生きることである。それがソクラテス問題に終止符をうつことであり、そのとき初めてかれの死の意味が、われわれにおいてよみがえった、ということができるであろう。こういうことを念頭におきながら、われわれがあらためてかれの前に立ったとしても、かれはそれはまちがっていると一笑にふしてはしまわないと思う。

ソクラテスの思想

ソクラテス（Socrates）は、紀元前五世紀のギリシア人である。この時代のギリシア哲学を代表する思想家・哲人である。若いころからすでにかれは有名であった。その一つは怪異な風貌《ふうぼう》である。そのうえにまったく身なりをかまわない。いつも裸足《はだし》である。しかも人を卑下《ひげ》するようなことをしない。だれかれの別なく話しかける。かれと一度でも話をすれば、忘れることができない。かれはそういう魅力をもっていた。

ソクラテスは中年から晩年にかけて、戦争のなかに生き、人間性潰滅《かいめつ》の危機にぶつかった。ペロポネソス戦争である。人心の腐敗と堕落《だらく》である。そしてかれは、こういう時代が人間に教えるありとあらゆることを、だれよりも血とし、肉とした。しかも、かれは特異性を失わなかった。たとえば、あるときには一晩中、戦場では一昼夜も、同じところに立ちつくすことがあった。瞑想《めいそう》をしている。神の声をきいているのだともいう。また、自分を虻《あぶ》に、悪の巷《ちまた》と化しつつあるアテナイを馬にたとえたりして、堕眠《だみん》をさますのだといった。しかし、かれはたんなる奇人でも天才でもなかった。

生涯、真実を愛し求めている。どんなときでも、真実を基準にして行動する。そういう透徹した人間愛にもえていた。それは「なんじ自身を知れ」にめざめ、「無知の知」を自覚してからも、一貫して変わらない。もうこれでよい、ということはけっしてなく、たえず哲学しなければならないような状態に自分を置く人である。むしろ、探求が人生であるようなそういう方法を見つけだした人である。

アテナイの守護神アポロンはかれに注目した。神はこの、どうしようもなくなりつつあるアテナイを、見るに見かねていた。そこでソクラテスを自分の使者として、アテナイ人を救済すべく送った。ソクラテスはそのように想像し、不動の信念にささえられ、「無知の知」の吟味《ぎんみ》とその普及にのりだした。しかし、それが禍《わざわい》の一因となり、同じアテナイ人に生命をうばわれてしまった。

ソクラテスは一冊の本も書いていない。しかしかれは、プラトンという偉大な弟子《でし》を残した。われわれは、そのプラトンの対話篇を主たる手がかりに、たぐいまれな不世出の哲人ソクラテスの生涯と思想を、できるだけ追跡してみた。そしてソクラテスの思想は「死命の思想」といえるのではないか、という新しい視角をえた。

最後に、村治能就先生には、かずかずの御教示を賜わったばかりではなく、原稿全篇にわたって厳しい慈眼をそそがれた。しかしそのご高配によく答え得ているかいなかは筆者の責任にぞくする。さらに清水書院にたいへんお世話になった。厚く御礼を申し上げたい。

一九六六年盛夏　中野幸次

目次

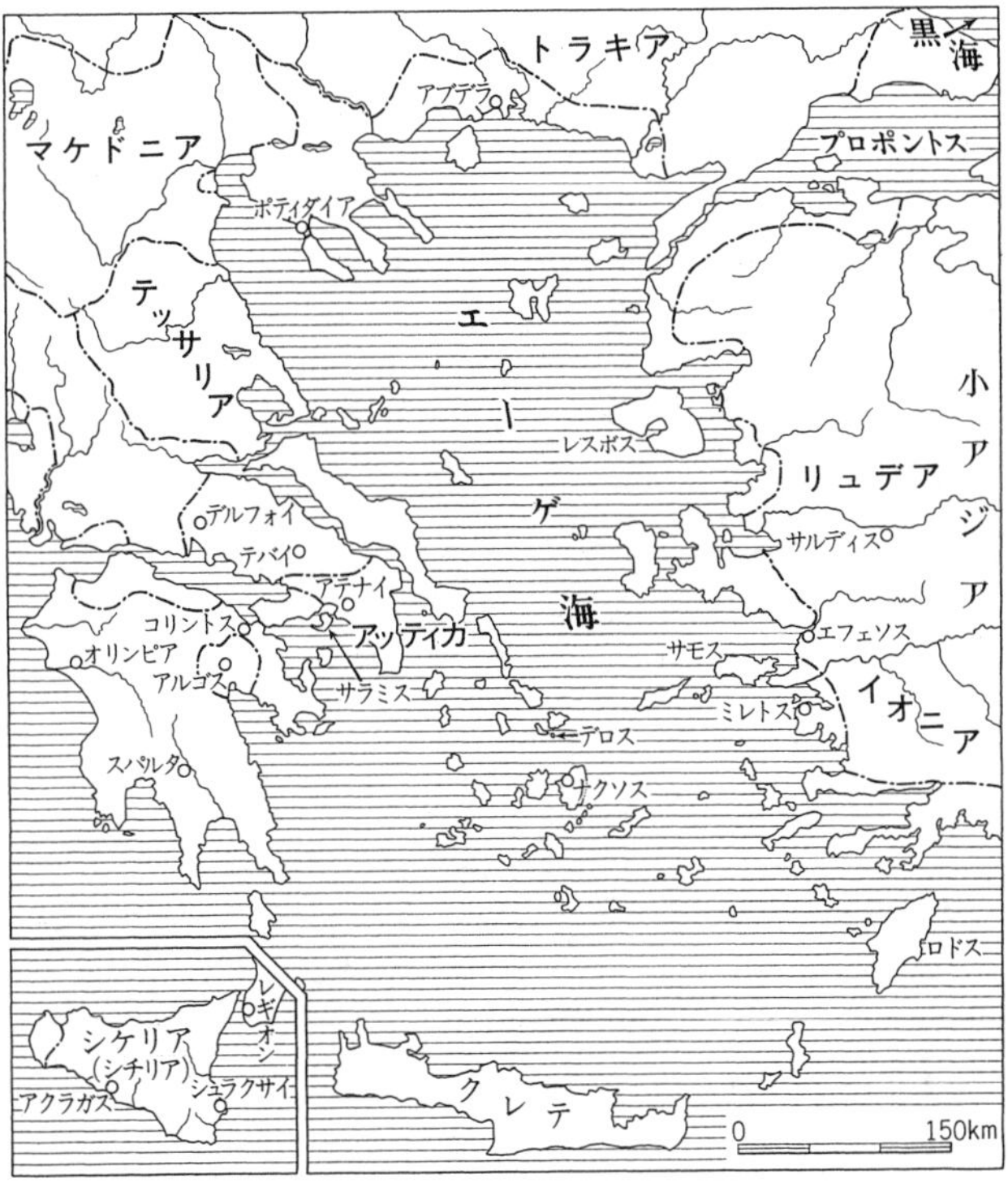

ギリシア本土とその周辺

I　ソクラテスの生涯

ソクラテスの死

永遠の哲人
ソクラテスの死——謎——

死刑の情景　紀元前三九九年、アテナイの牢獄で、ソクラテスは死刑の宣告をうけた。

ソクラテスには妻と三人の子どもがあったが、かれは自分の死刑に家族を立ち合わせる気持になれなかった。せっかくやってきた家族には家に帰ってもらった。

やがて毒薬を持った獄吏が現われた。ソクラテスはその男に、やあありがとう、君は用い方を知っていますね、とたずねた。

毒薬は砕いて杯の底に沈めてあった。

やたらに生きていようとするのは、中身がからっぽになった杯をけちけちするようなもの、というソクラテスに、クリトンはじめ弟子たちは、何をしてよいかわからず、涙を流し、泣きわめいた。

死ぬときは、しずかにしていなければいけない、ときいている。ソクラテスはそういうのである。この巨人の最期に当たって、弟子たちのできることといえば、ソクラテスの死を見守っているほかはなかった。

ソクラテスは、もっとも高貴で、思慮と正義にかけてはならぶもののない哲人にはちがいないが、死刑を控えてのゆとりは、筆舌を越えて、堂々としていた。

「われわれはアスクレピオス様に雄鶏《おんどり》の借りがある。とにかく忘れずに返して下さい。」

これがソクラテスの最後の言葉であった。遺言になったわけである。

アスクレピオスというのは医の神である。ソクラテスは、生前この神

ソクラテス
紀元前２世紀のモザイク

に願をかけていた。雄鶏はその奉納の品である。あるいはソクラテスは死ぬことによって、魂が肉体の束縛《そくばく》から解放される、と考えてのことである。それのみか、ソクラテスは、死刑による死に臨《のぞ》みながらも、自分の死を、この世からあの世への転居のように考え、神に祈りながら、息をとめて一滴のこらず毒杯を飲みほした。

そのあと、ソクラテスはゆっくり弟子たちの傍《かたわら》を歩き回ったが、そのうちに足が重くなり、あおむけに横になった。親友クリトンは、ソクラテスの遺言をようやく理解して、たしかにそういたします、と答えたが、すでに返事はなく、ソクラテスの眼は死者の持つ別のひかりをたたえていた。

実にソクラテスは獄吏の教えた通りに、死を行なったのであった。

ソクラテスの死

こうして、人類史上偉大な哲人思想家ソクラテスは、生涯を閉じたのである。それは二月か三月かのことである。およそ七〇歳であった。

毒薬を飲む前　毒薬は「どくにんじん」の種子を砕いて汁をしぼりだしたものである。ソクラテスがそれを飲む前の日没までに、まだしばらくの時間があった。死刑執行の時刻は、日没と法律で定められていたからである。

太陽は地平線下にすっかり沈んでいない。アテナイの北東の方向にあるヒメトス山のいただきにまだ太陽は残っている。それに、死刑の知らせがあってから、ずいぶんたって毒薬を飲んだものも多いことを、親友のクリトンは知っていた。そこでかれはソクラテスに、大いに飲んだり食べたり、好きな人といっしょにねたりすることをすすめたのである。おそらく普通のものならクリトンのいうとおりにしたかも知れない。しかし、ソクラテスは、一笑にふしてしまった。それればかりではない。「そんなことで得をしたと思っているのだけれど、わたし自身はそうはしないだろう。それもそれ相当の理由がある」という。すこしばかりおくらせて毒を飲んだからといって、この自分に笑いをまねくだけで、なんの得もない、と確信している。ソクラテスにおいては、ただ生きのびるのではなくて、よく生きることが問題なのである。

だから、抽籤《ちゅうせん》で任命され、獄中の人びとの監督や罪人の死刑、告発者の裁判所への提訴などをつかさどる十一人衆の下役は、ソクラテスにいったのである。「あなただけはすくなくとも他の人たちにみられるようなまねはなさらないでしょう。かれらは主たちの強制だから毒薬を飲まねばならない、とわたしが告げますと、わたしに腹をたてたりののしったりするのです。しかしあなたはこの獄屋におられた期間、とくに今までここに入った人たちのうちで、もっとも男らしく、おだやかで、また高貴であったことを、わたしは知りました。ですから、今も他の人たちには腹をたてても、わたしにはお怒りにならないことをよく知っています。御気嫌よろしゅう、では運命をできるだけ楽に忍べますようお努め下さい。」こういって涙を流しながら立ち去ったほどである。ソクラテスはこの言葉どおりにしようとする。

弟子たちは、ふたたびめぐりあえないであろう師の最期を、不幸だと思っている。いろいろ腹の底から話しあうのも当然である。しかしソクラテスは、いっこうに不幸だとは考えていない。むしろ、あの世で死者にめぐりあえる、とよろこんでいるようすすら見える。しかし、弟子たちにとってはたまらないものがあった。父を亡《な》くしてからの生活を送ろうとする孤児のように思えたのである。ソクラテスはクリトンをつれて、体を浴するために水浴みにいき、そこで長男のランプロクレスと二人の幼児ソフロニコスとメネクセノスと言葉をかわしていた。やがてソクラテスは子どもたちに立ち去るように命じ、弟子たちの中に加わったが、日没は刻々と迫ってくる。日没になれば、ソクラテスはどうしても毒杯をうけねばならない。弟子たちには、ソクラテスの死後のことが気になってならないのである。

ソクラテスの墓場

ソクラテスは、自分の死後の埋葬については、さほど神経質ではなかった。クリトン、元気をだしてわたしの肉体を埋めるといってくれ、それも、君の好きなように、習慣と思われるところにしたがってやってくれ、と平然としていた。

クリトンには、死んだソクラテスのその屍体《したい》が、ソクラテスだと思えてならない。だからクリトンは、ソクラテスをどう埋めたらよいか、と迷うのである。ところがソクラテスは、毒薬を飲んだら、もうこの世にはいない、と思っている。この世を去って、たしかに福者の住む、なにか幸福なところへ行くと信じている。ソクラテスは、クリトンをはじめ弟子たちにも、そう思ってほしいのである。そうすれば、それぞれにとって、慰めになるであろう。たとえ、ソクラテスの肉体が焼かれたり、埋葬されたりするのを見ても、ひどい日にあっている、と腹をたてることもないだろう。

運命がまねく時は、人はだれも旅立たねばならない。いかなる人も死をさけることはできない。今、ソクラテスを運命がまねいている。ソクラテスは、七〇歳の生涯の肉体の終わりの時がきたと迷わない。しかし、弟子たちには、この期をのがして、ソクラテスからなにもきく機会はなくなってしまう。クリトンは、ソクラテス亡きあと、その遺児たちに、なにをすべきかを、ソクラテスにきいた。

日頃いっている以外に別にこれといって新しいことはない。君らは君ら自身のことに気をつけてくれ。なんでもちょうどよいときにやっておくべきである。今、われわれの意見が一致しなくてもいい。ただ自分自身のことをなんら世話もせず、これまでいってきたことにならって生きようとのぞまないならば、たとえ

ソクラテスの牢獄

現在あれこれと強く同意したところで、たいして益はあるまい。」

こういって、ソクラテスは、水浴に行くときがきた、水浴をして薬をのみ、女たちに屍体を浴みさせるめんどうをかけないほうがよかろう、と冷静そのものであった。しかし、クリトンは、この最期を迎える前に、ソクラテスに対して、アテナイの牢獄からの遁走をすすめ、計画もしていたのであった。

逃亡のすすめ　ソクラテスは、希望し、そう決意すれば、牢獄から逃げられないわけではなかった。しかし、かれにはその意志が全然ないのである。

クリトンの年齢はソクラテスとほぼ同じである。かれは幼少の時からのソクラテスの親友であった。かれは哲学的素質よりも、むしろ実際的才幹をそなえた人であった。だから、ソクラテスの逃亡を真剣に考えたのは、ごく自然なことであろう。そのクリトンがソクラテスを獄屋にたずねたのは、毒薬を飲む一、二日前のことであった。そのときソクラテスは熟睡していた。夜明前であった。こんな時刻に、クリトンがたずねることのできたのは、牢屋の番人をよく知っており、その番人に心付をやっていたからである。クリトンは、ソクラテスを起こさないで、黙《だま》ってそばに坐っていた。それも、かなり永い時間である。できるだけ快い時を過せるように、との親友の思いやりからである。そうしてクリトンはソクラテスの性分を幸福だと思う。それもこの不運にあたって、らくらくと平静にそれに耐えているのを見ると、一生を通じてそうなのだと思わざるをえない。

ソクラテスは年齢を考えている。最期が迫ったというのに、もがくことをしない。もがくなど、ばかげた話ではないか、という。多くの人はとし甲斐《がい》もなく運命には弱い。感情をむきだしにする。ソクラテスは、年齢を思うばかりではなく、深い信念に燃えていたのである。

ソクラテスは、あまりにも早くクリトンがやってきたので、不思議でならなかった。クリトンは、悲しい知らせをもってきたのである。それもソクラテスの友人にとって、あるいは弟子たちにとって、とくにクリトンにとっては、いちばん耐えがたい知らせであった。船が帰ってくれば、どうしてもソクラテスが死なねばならない、その船がデロスから今日帰ってくる。もし、これが事実ならば、ソクラテスの余命は今日一日しかない。明日はソクラテスの一生の最後の日とならなければならない。クリトンは一刻も早くソクラテスと会わねばならなかった。

アテナイ人は毎年デロス島へ船を送って、アポロン神に供物を献げていた。テセウスが勝利を得て無事にクレテ島から帰ってきたことへの感謝をあらわすためである。この聖船が出帆し帰港するまでの間、アテナイにおいてはまったく死刑の執行が許されなかった。たまたまソクラテスの裁判が行なわれた前の日に、その船は桂冠をもって飾られ、三十日後に帰港したのである。

その船というのは、昔、テセウスがそれに乗ってクレテ島に、例の少年少女の「七人二組」をひき連れて行き、かれらも救いかれ自身もまた救われたときの、船である。そのとき、アポロンに、救われたら、毎年デロス島へ祭使を遣るとの誓いを立てたのである。暴風雨などがあって、船人たちを止めたりすると、ながい日数がかかる。その船が今日帰ってくるかもしれない、との情報をクリトンは入手したのであった。

しかし、ソクラテスは、その船が今日帰るとは思っていない。かれは夢を見たのである。その夢のなかで、秀麗嫻雅《しゅうれいかんが》な女が、「ソクラテスよ、お前は三日目に幸おおきフティヤにつくであろう」といった。フティヤは、ホメロスの『イリヤス』第九篇、三六三行にでてくる、「怒れるアキレウス」の故郷とされている。ソクラテスが夢のなかでこのことばをきいたのは、彼岸《ひがん》においてかれの本来の故郷を見いだそうと期待した証しといってよいのである。

その夢が「三日目」というのであるから、クリトンのたずねてきた前の晩から数えると、船が帰港するのは明日になる。帰港の翌日にソクラテスは死ぬことになっていたからである。しかし、クリトンにとっては、ともあれ、なんとかして、ソクラテスを逃がしたい。それが親友クリトンの本心であった。

最愛のソクラテスよ、今でもかまわないから、ぼくのいうことをきいて、ここを遁《に》げだしてくれ。なぜなら、君が死ぬと、ぼくには一つの不幸がやってくる。そればかりではない。もうけっして二度と見出すことのできないような親友を失うほかはない。それに君やぼくを知らない多くの人から、ぼくにただ金を使う気さえあれば、君を救いだすことができたはずなのに、ぼくがそれを怠ったように思われるであろう。もし友人をとうとぶよりも、金銭をとうとぶ、と思われるとしたら、こんな不名誉なことはない。ぼくたちは一所懸命に逃げることをすすめたが、ソクラテスはいっこうにここを立ち退こうとしなかったのだ、といったとしても、多くの人はそれを本当だとはしないであろう。クリトンのこの逃亡のすすめに対しても、ソクラテスの信念はぐらつかなかった。むしろ強固になるばかりであった。

逃げない理由　もっともすぐれた人たちは、実際にあったとおりのことがあったのだと信ずる。識見にとんだ人は、事実をまげて伝えるようなことをしない。ソクラテスはそういう人であった。それがかれの信念の一つでもあった。

しかし多くの人は、大衆の意見を気にし、意志と信念が薄弱なために、それができない。ソクラテスはこのことを知りつくしていた。ソクラテス以上の哲学をもつか、かれ以上の実践力に富んだ哲人でなければ、おそらくかれを説得させることはできなかったであろう。

それでも、クリトンは、ソクラテスを逃がすために、できるかぎりの努力をする。ソクラテスよ、大衆の意見を気にしなければならないことは、君にもわかっているだろう。今度の事件は、そのなによりの証拠である。どんな人でも、一度にせよ大衆の誹謗《ひぼう》をうけたものに対しては、大衆はもっとも大きな禍害でも加えることができる。

　ところがソクラテスは、むしろ大衆が最大の禍害を加えうるものであってくれればいいと思う。それが最大の幸福と利益をもたらすという。しかし大衆には、わざわいを加えることも、しあわせをもたらすことも、どちらもできない、とソクラテスは考えている。かれらには人を賢くする力も、愚かにする力もない。かれらのすることは、ほとんど偶然の結果だという。

　クリトンにはこれを否定する力はない。なるほどと認めながらも、質問をつづける。ソクラテス、君はぼくや友人の身の上を心配しているわけではあるまい。君がここから逃げだしたら、ぼくたちがわきから力をそえて手助けした、という理由でソクラテスを告訴した人たちから、攻撃されるおそれがある。そのあげくに、全財産が、すくなくとも巨額の金をなくすか、さらにその上ほかの罰をうけなければならない。もし君がそんなことを心配しているのなら、ほうっておいてくれ。君を救うためには、これくらいのことは愚か、必要とあれば、これ以上の危険をおかすことは、ぼくたちの当然なすべきことなのである。だからぼくのいうことをきいて、ぜひ逃げてくれ。

　たしかに、ソクラテスも、このクリトンのいうことを心配していた。しかし、それだけではなくて、かれの頭の中にはもっとたくさんのことがあった。かれの配慮はいっさいのことがらにおよんでいる。そのなかでソクラテスがもっとも深く考えたのは、「内心の声」にしたがう、ということであった。それも最善と思われる生き方にしたがっての心の真実の要求を偽らないということであった。

それでもなおかつ親友クリトンは、ソクラテスの生命を保証したい。その一途の心情をかれは偽ることができない。ソクラテス、君を救いだしてここから連れていこうとする連中の求める報酬《ほうしゅう》はいくらでもない。それから、告発者たちは安価な人びとである。だから、かれらを満足させるためには、たいした金もいらない。ところで、君のためなら、ぼくの財産をどう使ってもいい。またそれに十分なだけあると思う。君がぼくのことを心配して、ぼくの財産を使ってはならない、とでも思うなら、ここにきている外国の友人たちは、喜んで自分のものを使う用意をしている。テバイのシミアスなどは、その目的のために、十分な金額をもってきている。ケベスやその他多くの人たちも、その用意がある。だから、ソクラテス、こういう心配のために遁走《とんそう》を断念してはならない。また、ここを立退くことになれば途方に暮れるだろう、などと気をくさらせることもない。なぜなら、君が行けば君を歓迎するところはいくらでもある。もし君がテッサリアへ行く気があるのなら、そこにはぼくの友人がいる。かれらは、君をおおいに敬重し安全に保護して、テッサリアには君に不快な思いをさせるものが一人もいないようにするだろう。

さらに、ソクラテス、もう一つのことがある。君のしようとしていることは、ぼくには正しいとも思えない。君はみずから救うことができるのに、われとわが身を犠牲にしようとしている。それは、告発者の術中におち入ることに等しい。かれらは君を滅ぼそうとしている。現にその実現に躍気となっている。君がそれを手伝うようなことをしてはいけない。なお、その上に、君は君自身の息子たちを裏切る者のように思われる。かれらを養い教育してやれるのに、君は見棄てるのである。そうすれば、君はかれらの運命を偶然にゆだねることになる。きっとかれらは孤児が孤児の境遇で出遭うような目にあうであろう。人は子どもを産ませるようなことをしないか、それとも、その扶養と教育とにともなってくる困難を耐え忍ぶか、どちらかにしなければならない。しかし君は一番楽な道を選ぼうとしているように見える。むしろ人は徳をそなえ勇敢な人が選ぶような道をとるべきではないか。君は一生を徳の涵養《かんよう》にささげると公言した。だからなおさらそうすべきである。君に関するこの事件のなりゆきからいっても、ぼくたちの臆病《おくびょう》で気の弱いことがいわれるかも知れない。この事件は法廷にもちだされずにすんだのである。にもかかわらず法廷にだされている。裁判のとった経過そのもの、そして全事件に対する嘲笑ともいうべきこの結末、すべてがぼくたちの卑劣と臆病で気の弱いことの結果だと、人は批評するだろう。君は自分を救いだそうとしない。ぼくたちも君を救いだそうとはしなかった。ソクラテスをとりまくものが頼みになるような人たちでなかったからである。人はこのようにいうだろう。だからソクラテス、よく気をつけてくれ。君もぼくたちも不幸になるばかりではなく、不名誉をもたらすようなことにならないように、とくと考えてくれ。いや、考えている暇はない。決心がついていなければならない。しかも方法は一つしかない。今夜のうちに万事決行されねばならないからである。ちょっとでもぐずぐずしていれば、できない。失敗に終わってしまう。だからソクラテス、ぼくのいうようにして、けっしてそれと違った振舞をしないようにしてくれ。

ソクラテスはクリトンの熱意を大いに尊重した。しかし、かれは本心を変えなかった。かれはある程度正しい道にかなっているなら、クリトンのいうことをうけいれたであろう。もしそうでなかったら、ソクラテスには耐えがたくなるのである。正しい道でなければないほどソクラテスの心は重くなるのであった。かれの「内心の声」は、逃げることを正しいといわない。それは今が始めてではない。いつも最善と思われるようなこと以外には内心のどんな声にもかれはしたがわないことにしているのである。それはどんな運命に出あおうと、変更できないソクラテスの信条であった。この信条にかれは畏敬と尊崇をはらっている。ぼくたちが現在のところ、これ以上のものを発見できないかぎり、ぼくは君にしたがわないものと思ってくれ。大衆の暴力が、投獄や死刑や財産没収のような、今よりももっと厳しい威嚇《いかく》手段に訴えるにしても、このことに変化はない。ソクラテスはこのようにいい、けっして逃げる意志のないことを表明した。

これで、ソクラテスが、アテナイの牢獄から遁走《とんそう》する機会は永却《えいごう》にこない。かれが毒杯をあおぎ刑死することは絶対確実となった。惜しみてもあまりある人類の永遠の師表は、今この地上から去って、すべての人の心のなかに生き始めようとしていた。

臨終の場

ついにデロス島から船が着いた。それは死刑の判決の日から三十日後のことであった。ソクラテスはその翌日に死ぬことになっている。

牢獄はアテナイの裁判所の近くにあった。クリトンをはじめパイドンその他の人たちは、毎日のようにこの牢屋に通っていた。ソクラテスを求めて、朝早くから集まり、牢屋の開くのを待っていた。開く前はお互いに話しあい、中に入ってからは、ソクラテスを中心に語りあいながら今日まで過してきた。その日の夕方である。みなが牢屋を出たところで、船の到着を知らされた。その翌日、みなはできるだけ早く集まることを約束した。ソクラテスの臨終《りんじゅう》に立ち合うためである。

ついにくるべき時がきた。ソクラテスのあの世への心の準備は、すっかりできあがっている。しかし、かれをとりまく人たちの心は、完全に迷いからさめてはいない。それはたんなる未練ではない。偉大なる生涯が無実の罪で死に追いやられることへの、人間の良心のあがきである。しかし、最期にのぞんで、そのあがきが、なぐさめとおちつきに変えられたとすれば、ソクラテスの死は永遠への同化がごく自然に行なわれた、といわなければならない。ソクラテスが永遠の哲人になるかならぬかは、その臨終の情景にもあったといえるのである。

その朝がきた。ソクラテスの弟子、友人、その他大勢の人が牢獄に集まった。クリトン、パイドン、アポロドロス、クリトブロス、ヘルモゲネス、エピゲネス、アイスキネス、アンティステネス、クテシッポス、メネクセノス、シミアス、ケベス、パイドンデス、エウクレイデス、テルプシオン、そのほか土地の人たちである。ソクラテスの偉大な弟子プラトンは、病気のため立ち合うことができなかったようである。

クリトンはアテナイのアロペケ区の出身で、ソクラテスの親友、美男子であることをひどく自慢したクリトブロスの父である。

パイドンはエリスの生まれで、アテナイの同盟国スパルタ軍によつて故郷の町の廓外《かくがい》が、紀元前四〇一年頃、荒掠《こうりゃく》されたとき、捕虜としてアテナイに連れてこられ、奴隷となったがソクラテスに魅せられ、かれによって解放されたといわれる。その頃は長髪の青年だったようである。プラトンの名篇『パイドン』――霊魂不滅論――の主人公である。

アポロドロスは、小ソクラテス派の一つであるキュニコス派をはじめたアンチステネスの傾向の人で、「狂人」の綽名《あだな》があったが、プラトンの対話篇『饗宴』の話手である。

ヘルモゲネスは、富裕なカリアスの兄弟で、ソフィストのためにその時代最大の金を費ったが、メモラビリア『ソクラテスの想い出』を書いたクセノフォンは、この人からソクラテスの言動をいろいろきき、その著述の資料とした。

エピゲネスは、貧弱な身体の人であった。それでソクラテスは、もう少し身体を訓練しなければならない、といったと伝えられる人。

アイスキネスは、ソクラテスの仲間のアイスキネスと呼ばれて、同じ名前の雄弁家とは区別されている。ソクラテスの死後、極度におちぶれた。そこでプラトンはディオニュソス二世の宮廷に斡旋《あっせん》した。相当の地位にもつき、ソクラテス的対話篇の著作家としても、高く評価されている。

クテシッポスはアテナイのパイアニア区民である。生まれつき善良な人であった。若いにもかかわらず傲《ごう》慢《まん》なところの少しもない人とされていた。メネクセノスはこの人の従兄弟にあたり、プラトンの『メネクセノス』篇のモデルになった。

シミアスとケベスは、『パイドン』におけるソクラテスのおもな対話者である。二人ともテバイでは、ピュタゴラス派のフィロラオスの弟子であった。テバイはイタリアを追われたピュタゴラス派の避難所となっていた。プラトンの対話篇『クリトン』でいわれているように、ソクラテスにアテナイの牢獄から脱走させようと、巨額の金を準備してかけつけた人たちである。クセノフォンは、この二人をソクラテスの直弟子に数えている。

エウクレイデスは、エレア派、すなわちパルメニデスの学説を信奉したメガラ派の学頭である。テルプシオンはこの人と交遊があり、プラトンはソクラテスの死後、政治的理由から、しばらくの間、これら二人のところに身をよせていた、といわれている。

これらの人びとが牢獄に集まったところへ門番がやってきた。待ってくれ、自分が命令するまでは、ソクラテスさんのところへ行ってはいけない。「今、十一人衆が、ソクラテスを鎖《くさり》から解いて、今日のうちに死ぬように申し渡していますから」というのであった。

それからまもなくして、入ってもよろしい、という門番の許可がでた。みなは中に入った。そこには、鎖から解かれたばかりのソクラテスと、そのそばに子どもを抱いたかれの妻のクサンチッペが座っているのであった。

クサンチッペは、これらの人たちを見るとすぐに、泣きだしてしまった。そして「ソクラテス、あなたと親しい方たちとがお互いに言葉をかわすのも、いよいよこれが最後ね」というのであった。

悪妻の典型と世評高いクサンチッペのソクラテスに対するおそらく最後の言葉でもあろう。だから悪妻説がどこまで真実であるか、きわめてあやしい。愛情にとみ、その場の状況を鋭敏にとらえた言葉だからである。しかし、ソクラテスはクリトンの方を見て、「おいクリトン、だれかこれを家に連れていってくれないか」というのである。ソクラテスの深い、しかも哲人的な思いやりの処置であった。

そこで、クリトンの家のものが二、三人、泣きもだえるクサンチッペを連れ去ったのである。ソクラテスは寝台の上に座り直した。脚をまげ手でさすりながら、悠然《ゆうぜん》と日没までの時間を語り続けようとしている。

パイドンは不思議でならなかった。死すべきソクラテスのそばにいながら、あわれむ気持など起こらなかった。幸福そうに見えるからである。気の毒だという心も起きない。といっていつものように哲学の話をしていて感ずるたのしさがあったというのではない。たのしくもありかなしくもあるような、奇妙な感じに支配されている。なかにはアポロドロスのように、笑ったり泣いたりするものもあった。

ともかく、悲劇のどん底につき落されたような、そういう感じを与えなかったのは、おそらくソクラテスが肉体は死んでも魂は死なない、という確信に燃えていたからであろう。かれには魂が永遠に生き続ける死後の世界（ハデス）があったのである。

死後の世界

ソクラテスは思考をすっかり浄《きよ》めて死の準備をととのえている。その意味で、死がかれには、よい神々や今はなきすぐれた人たちのところへ行ける、「希望に満ちた門出」なのである。

かれははるかに常人の域をこえている。しかし、それには、そうできるかれなりの理由をもっていた。いうなれば、死後の世界の観想ができているのである。人は生涯を通じて一つのことに心を打ち込んでそれを求めることがある。その一つのことが、ソクラテスにおいては、死後の世界なのであった。それは死を通して、あるいは死んでからでないと手に入らないのである。魂が肉体から離れてのち、ようやく獲得できるもの。それがソクラテスにおいてはハデスであり、あの世である。

ソクラテスには魂の住居があった。かれはそれを強弁はしない。ただ魂は不死であると思われるかれには、そう主張する値うちがあり美しいことにほかならない。

死者はそれぞれのダイモン（神霊）の連れていくところにつく。するとまず第一に、美しく浄《きよ》らかに生きてきたものも、そうでないものも裁きをうける。中庸の生活をしてきたと思われるものは、アケロン河にむかって旅をし、あてがわれた船にのってアルケシアス湖にいく。そこに住んで、いままで、なにか不正を犯していれば、その罰をうけてから解放される。善い行ないをしていれば、そのおのおのの価値に応じて褒美《ほうび》をもらう。大きなあやまちを犯し、それをなおすのがむずかしいと思われるものは、タルタロスになげこまれ、そこから二度とでることはできない。たとえば、神殿荒しとか人殺しや多くの違法行為をしたものである。父母に対して暴力をふるったが改心したもの、あるいはそういうふうにして殺してしまったものは、大きなあやまちだから、タルタロスにかならずなげこまれるが、そこに一年間いると、波がかれらを放りだすという。最高に浄《きよ》らかな生活をしてきたという点でとくにすぐれていると思われるひとたちは、地下の場所から、ちょうど牢獄からのように解放されて上方の住居にすむ。しかし、これらのもののうちで、知を愛することによって十分に浄められたものは、それからはすっかり肉体なしで生活し、さらにいっそう美しい住居、すなわち星たちのなかにいくのである。

われわれから見れば、奇妙であり、幻想とさえ思われるこのハデスに、死後も生き続けるとすれば、そしてそこでの生活が、現世の生き方のいかんによってきまるとすれば、ソクラテスのいうように、たしかにこの世での生活を極度に注意しなければならない。

ともかく、ソクラテスには死後の世界があった。魂の住居があった。それがあるからこそ魂は、一人の旅ができるのである。そこにはりっぱな神がみがすんでいる。すぐれた人たちの魂が生きている。ソクラテスの魂は、肉体を離れ自由になって、この世界に永遠に生き続ける。かれはそう堅く信じている。その意味でかれは、すでに生きているこの世において、永遠の哲人としての一つの資格を獲得していたのである。これを肯定するか否定するかは、ソクラテス問題とは、一応別のこととしなければならない。

ソクラテスが死の寸前においてもおちつきはらっていることができた一つの理由は、永遠と一つになれるという確信にあった。よい神がみと今はなきすぐれた人たちと、ハデスにおいてたしかにかれがめぐりあえたかどうかは、だれひとりとして知ることができない。その謎は、今もなおかれがわれわれのなかに生きているということ、そのことで、一つの証明がなされているであろう。

＊　典拠となった対話篇と文献、プラトン『パイドン』、『クリトン』、クセノフォン『メモラビリア』

ソクラテスの生きた時代

ソクラテスの生まれた前後のアテナイ

ツキジデス

焦点　この人類の偉大な模範ともいえる人が生きた時代は、どのようなものであったろうか。はたしてソクラテスはその時代の子であったか。

「わたしの記録からは伝説的な要素がのぞかれているために、これを読んでおもしろいと思う人はすくないかもしれない。しかしながら、やがて今後くりひろげられる歴史も、人間性のみちびくところ、ふたたびかってのような、これとあい似た過程をたどるのではないかと思う人びとが、ふりかえって過去の真相をみつめようとするとき、わたしの歴史に価値を認めてくれればそれで十分である」

とギリシアの有名な歴史家ツキジデスはのべているが、ソクラテスの生きた時代を素描するには、この覚悟が必要であろう。ソクラテスは一冊の書物も書き残さなかったが、かれが生まれ、生命を賭けたアテナイの生成史は、たしかな史実として残っているからである。

アテナイとソクラテス

アッティカ地方は土壌が貧しかった。しかし、それは一種の幸いをもたらした。太古から内乱がきわめて稀《まれ》であったために、昔から同種族の人間がこの地に住みついてきたからである。このことからして、アテナイ人は「土着人」であったと想像される。

アッティカは繁栄していた。それは難民人口の増加によってもたらされた。戦争や内乱のために、国を追われ、アテナイ人の保護を求めて亡命してきた王侯貴族の数は多い。これらの亡命者たちは、市民の列に加えられて、ポリスの人口を増加させ、ポリスを強大にしてきた。やがてアッティカだけでは収容しきれなくなり、イオニア地方に植民地を建設することになった。

「ポリス」の意味は、国家、国土、国民、主都、城塞、都市である。アテナイはその一つであった。ソクラテスが生まれる以前のアテナイ人の風潮には、真実を究明するためには労をいとい、ありきたりの情報にはやすやすと耳をかたむけるきらいがあった。「最小の誤りは最大の福に転ずる」とか、己れに匹敵する者を侵さないことこそ、眼の前の利益にまどわされ危険な侵略をとげるより、はるかに着実な勢力維持の道、という考えもかれらの耳にはいっていた。

しかし、一方、アテナイ人の休むことのないエネルギーはあまりにも有名であった。それは、貴族の理想は「動かぬこと」、民衆の理想は「動くこと」にある、に示されている。だからコリントスの使節はアテナイ人を次のように評したのである。

アテナイ人は改新主義者である。すばやく策を立て、政策はかならず実行によって実らせる。実力をこえても断じて行ない、良識にさからっても冒険をおかし、死地におちこんでも、みずからたのむところがあり、意気さかんである。しかもポリスのためならば、生命を羽毛のように軽くあつかい、己が最高の知性を発揮する。なにかをくわだてて失敗することがあっても、案をねりなおして損失を補う。みながきめたことをただちに実行するために、ただアテナイ人のみが、意図すればただちに希望と現実を一致させることができる。正義を説くのもよい。しかし力によって獲得できる獲物が現われたとき、正邪の分別にかかずらわって侵略を控える人間などあろうはずがない。この人間の本性にしたがいながら、しかもおのれのもっている権力をおさえ、道徳性によって他を支配できる人間こそ、ほんとうに賞賛に値する、とツキジデスは『歴史』のなかで伝えている。

これがペルシア戦争終結当時のアテナイ人の特徴である。このアテナイ人の一人として、紀元前四六九年、ソクラテスは生まれたのであった。人類最初の哲学者タレスが活躍したのは、紀元前五八五年であるから、それから一一五年の月日が流れたわけである。

ペルシア軍がアテナイ人の領土から退散し、勝利はアテナイのものとなったが、その酒に酔うひまはなかった。アテナイ人たちは子どもや婦女、あるいは家財などを避難していたので、それらを故国に迎えねばならない。ポリスの復興と城壁の再構築の準備もせねばならぬ。まわりの城壁は、わずかに残影をとどめているにすぎない。家屋はほとんど倒壊したままである。ペルシア勢のおもだった者が宿営した家々だけが残っているにすぎない。アテナイ人が住む家をととのえ、かれらを守る長城壁をすっかり完成したのは紀元前四五七年、ソクラテスの一三歳の頃であった。

ペリクレス

アテナイ人とソクラテス

生まれたばかりのソクラテスに、この故国のありさまがわかるはずはない。しかし、かれの血のなかに、アテナイ人の精髄が脈うっていない、と誰がいえよう。

このようにして、アテナイにはペリクレスの黄金時代が到来しつつあった。それと共にソクラテスは成長するのである。ペリクレスが生まれたのは、紀元前およそ四九五年である。かれはソクラテスより約二五歳年長であるから、ソクラテスの少年時代にはすでに盛年に達していた。例のペロポネソス同盟とアテナイとの間に、五年間の平和条約が結ばれた頃、ソクラテスは二十歳ぐらいになっていた。

すでにペリクレスは、当時の政治家たちのなかで比類ない地位と力をもっていた。かれはアテナイの政策主導者として、一点の妥協もゆるさず、戦争支持の方向に、アテナイ人の気運をもりあげていた。そのころのアテナイ人では第一人者と目され、弁舌、実行の両面において、ならびない能力をもつ人物であった。かれの政治家の知性と自負心の大きさを認めないものはなかった。それはかれの次の演説によっても明らかである。

「アテナイ人諸君、わたくしのいおうとするところはいつもと変わりはない。ペロポネソス側にたいして一歩も妥協してはならない。人は開戦支持にかたむくときには一つの感情に支配されるが、戦いが始まってみるとまた別の感情に動かされる。そして善かれ悪しかれ事態のうつりゆきとともに判断も変わっていくことを、わたしも知っている。ともあれ現在、わたしとしてはふたたび今までと同じように、同一の見解を諸君に与えるべき立場にあると思う。諸君のなかでわたしの意見に承服する人びとの義務は、万が一われらがつまづくことがあっても、ともにはかり、ともに決議した政策をあくまでももりたてていくことである。さもなければ、逆にわれらが勝利をかちえた暁にも、それをわれわれの知の結集として誇ることはできない。というのは、事件の推移、戦場の勝敗はつねに知性によってははかりがたい低迷の過程をたどることが知られている。すくなくとも人間の考えと同じようにあてにはならないからである。われわれが知性によって予測できない事態にであうと、これをみな運命の力に帰するのもそのためである。」

このペリクレスとソクラテスがどのような関係をもったかは、はっきり知られていない。しかし、ソクラテスがその成長のプロセスで、ペリクレスの知性と実行力を学ばなかったとはいえないであろう。たとえば、クリトンの息子のクリトブロスに対して、ソクラテスは、ペリクレスが「呪《まじな》い歌」をたくさん知っていて、これを市《まち》にむかってうたい、自分を敬愛させたということを聞いている、と話しているからである。呪文《じゅもん》はホメロスの『オデュッセイア』にでてくる「うたった呪文」である。ソクラテスも実践の人であり、一度きめたことを、よほどの誤りがないかぎり、くつがえすような男ではなかったからである。ソクラテスはペリクレスの息子には政治家についていろいろ教えている。かりにこれがわれわれの想像の域をでないとしても、その時代とそれを主導した人物の影を追って、その時代の子どもの精神形成が行なわれることを、見逃すことはできないであろう。

ソクラテスのもう一人の反射鏡

その人が前人未踏の境涯をたどればたどるほど、その若き日の色彩は濃い足あとをとどめている。ソクラテスと直接のつながりはないが、かれの精神の変化に一つの反射鏡となったであろう人物がいる。その人はソクラテスが二〇歳のころ、一説によれば毒をあおいで自殺した、と伝えられているテミストクレスである。

かれは紀元前五二八年頃から四六二年頃のアテナイの大政治家であり、サラミス沖の大海戦ではペルシア王クセルクセスの大軍を紀元前四八〇年に破っている。テミストクレスは、生まれながらの独創力を、たぐいまれな着実さをもって発揮した。この点において、余人の追従をゆるさなかったといわれる。その洞察力も独自のものであった。それはたんなる学識とか経験によってたくわえられたものではない。切迫した場面にぶつかれば、ほんのわずかな思考によっても、最高の決断をくだすことができた。未来の問題については、かぎりなくはるかまで見ぬく力があった。その予測は秀逸無比であったし、またかれの経験したことであれば、どんなこともすっかり説明できる能力をもっていた。経験しないことでも、問われれば人なみの判断をくだすことができた。ゆるがせにできない情況にぶつかっても、それを突破する予見の才にたけていた。すべての点で、かれは天与の明敏さと俊敏な習得力とによって、必要な対策を臨機応変にこうじうるたぐいまれな力のもち主であった。このことは『メモラビリア』のなかにでてくるエウテュデモスのソクラテスへの質問でも明らかである。

「テミストクレスがあれほどすべての市民にすぐれて偉《えら》かったのは、だれか学者の教えをうけてああなったのか、それとも生まれつきああだったのだろうか。国家に一朝大人物の必要が起こったとき、すべての人の期待はおのずとテミストクレスにそそがれたのである。」

これにたいしてソクラテスは

「つまらない技術でもすぐれた腕をもとうとすれば、りっぱな師匠につかないではできないのに、国家の頭《かしら》に立つというような、あらゆる仕事のうちの最大のものが、ひとりでに人間にできるなどと考えるのは愚かなことである」

とソクラテスはいってる。

　このテミストクレスでも謀叛の罪に追われ、死なねばならぬギリシアなのであった。けんらんたる名声をうたわれた将軍も、故国の土に埋葬することは禁じられていた。謀叛の罪のためである。友人親類がアテナイ人の眼にふれぬようにアッティカの地に埋葬したという。

　ソクラテスとクリトブロスの対話の中には、いろいろなことが話されているが、そのうち、「テミストクレスはどうやって市から愛されるようにしたのですか」との問いにソクラテスが答えたものが、クセノフォンの『メモラビリア』にあるだけで、そのほかソクラテスとの対話など伝えられていない。だからソクラテスが青年期にこの人の自殺を、あるいは識見をどのようにうけとったかを、われわれは知ることができない。このようにアテナイは、まだまだ苦難の道を見せながら、ソクラテスの哲学を形成していくのである。

ソクラテス盛年時のアテナイ

ペロポネソス開戦前夜

　アテナイ盛衰史とソクラテスの関係は謎につつまれている。三〇歳ごろのかれがどこでなにをしていたかよくわからない。しかしアテナイはペリクレスのもとで強大な力をもって

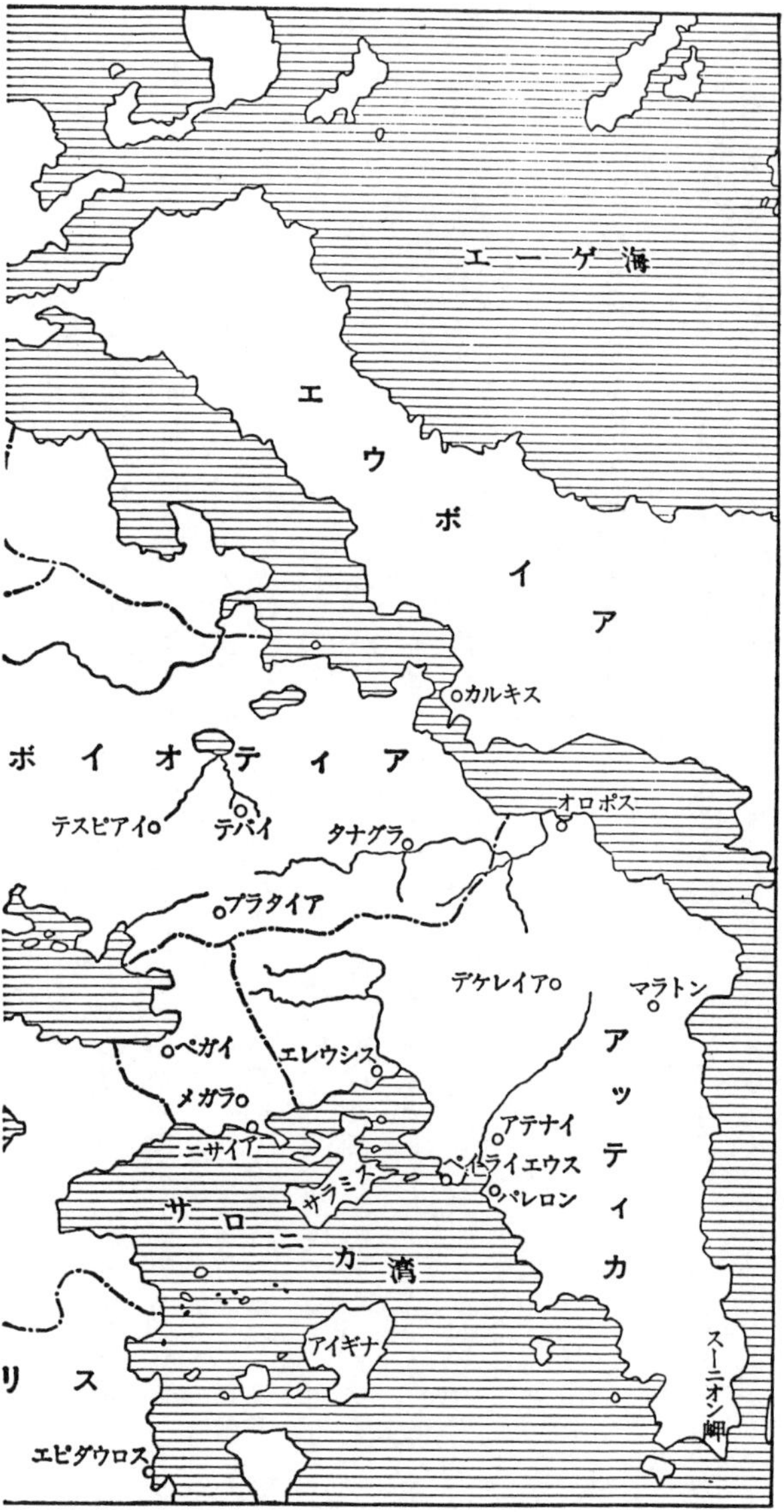
エーゲ海
エウボイア
カルキス
ボイオティア
テスピアイ
テバイ
タナグラ
オロポス
プラタイア
デケレイア
マラトン
アッティカ
ペガイ
エレウシス
メガラ
ニサイア
アテナイ
ペイライエウス
パレロン
サラミス
サロニカ湾
アイギナ
スーニオン岬
リス
エピダウロス

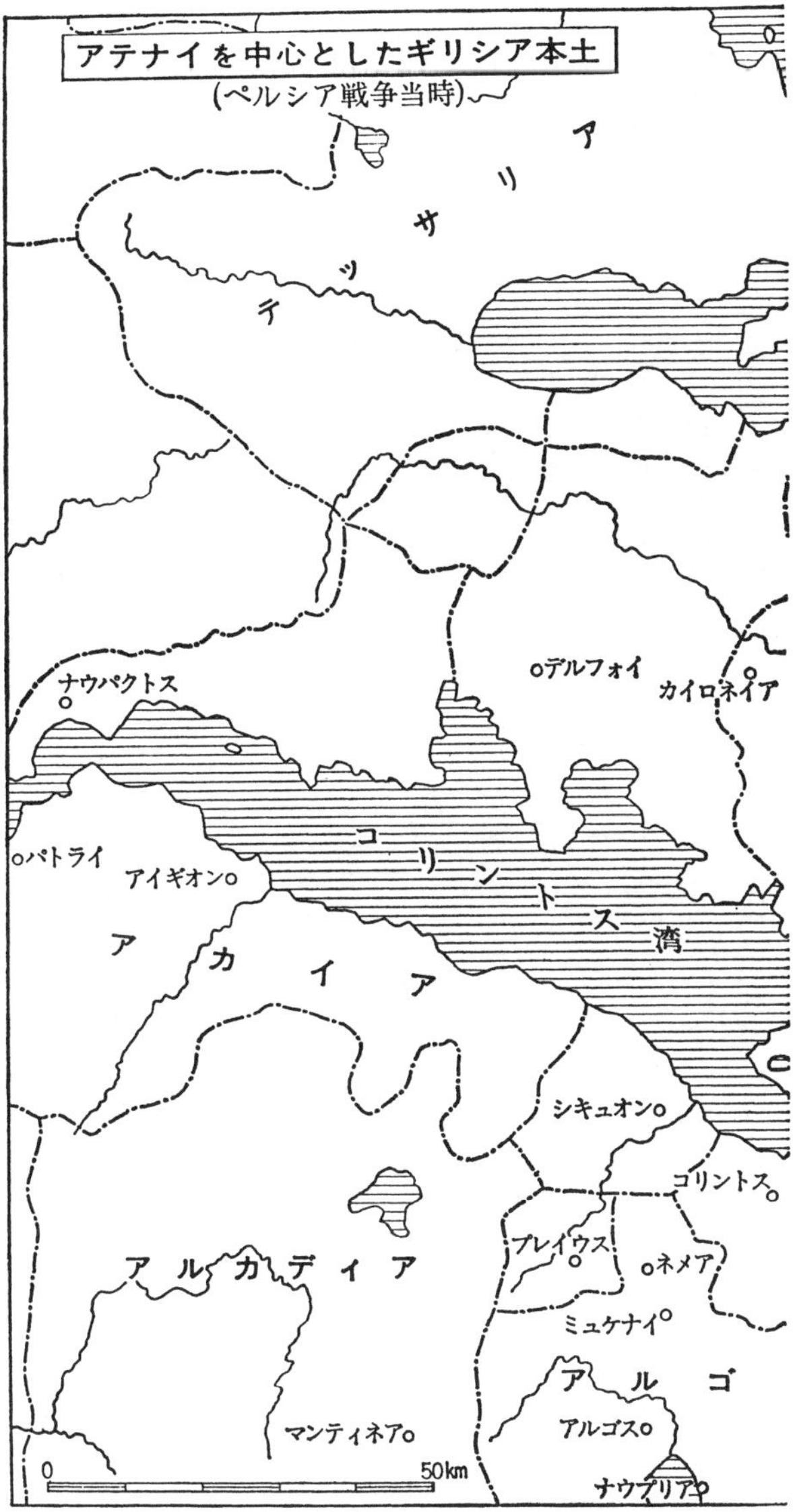
アテナイを中心としたギリシア本土
(ペルシア戦争当時)
テッサリア
デルフォイ
カイロネイア
ナウパクトス
コリントス湾
パトライ
アイギオン
アカイア
シキュオン
コリントス
プレイウス
ネメア
ミュケナイ
アルカディア
アルゴ
アルゴス
マンティネア
ナウプリア
0
50km

アッティカに君臨していた。

ペリクレスは勝利を信じていた。その確固たる方策をもっていたからである。戦争継続中は支配圏の拡大を望むべきではない。自分を危険にさらし、それを増すような道をえらぶべきでもない。われわれが恐れているのは、敵の作戦ではなく、われら自身が犯すかもしれない誤算である。こういう覚悟をあらたにして、ペリクレスはラケダイモン（スパルタ）の使節に次の返答を与えて送りかえすことを、アテナイ人に提案したのである。

㈠ラケダイモン人が、アテナイ市民や同盟諸国の市民にたいする外人退去令を撤廃するなら、メガラ市民にアゴラならびに諸港の利用を認めよう。㈡和約成立のとき自治権をもつ国としてわが同盟に加わっていたものがあれば、諸国に自治権を返還してもよい。㈢規約にしたがい合法的決裁に応ずる用意がある。戦争をしかける意志はないが、しかけられればうけてたつ。

アテナイ人はこのペリクレスの提案を、最上のものと考え、可決した。これをもってラケダイモンからの使節は帰国し、そのごふたたびアテナイを訪れることはなかった。

ソクラテス四〇歳前後のアテナイ　アテナイは間断なき戦争に明け暮れることとなった。紀元前四三一年の春から四二八年にかけてのことである。ソクラテスの三九歳から四二歳ごろにあたるだろう。

古代ギリシアでは月暦が用いられていた。だから月の終わりには月明りがなかった。夏と冬という区分は、春分から秋分までというように明確なものではない。春は二、三月からであり、夏はだいたい五月である。十月末雨期になれば、冬である。

ラケダイモン人の同盟諸国は、全ペロポネソス半島の諸邦、この半島の外では、メガラ人、ボイオティア人、ロクリス人、ポーキス人、アムプラキア人、レウカス人、アナクトリオン人であった。

アテナイ人の同盟者は、キオス人、レスボス人、プラタイア人、メッセニア人、アカルナーニア人、ケルキュラ人、ザキュントス人、これに加えてカリア人諸都市、ドリス人植民地、イオニア人諸都市、ヘレスポントス地域の諸都市、トラキア地方の諸都市、ペロポネソスからクレタをむすぶ東方洋上の諸島などであった。

ラケダイモン王アルキダモスは、各市の指揮官を前にして、ポリス、アテナイの同盟者にたいする決意を次のように訓辞した。

われわれの攻撃目標であるポリスは、あらゆる点で準備のすぐれていることを誇っている。アッティカの樹木を切り倒し、かれらの家財を焼きはらうわが軍兵を見れば、かならず戦闘をいどむにちがいない。なぜなら、人はわが身に襲いかかる、いつもとはちがう光景を目前にすると、怒りのとりことなるものである。そして損得の利害をすこしもかえりみることなく、ただ激情のうながすままに争いの渦中に身を投ずる。アテナイ人はおのれこそ他を支配する者、おのれの地を荒されるのを座って見ているよりも、おのれが攻めて敵地を破壊すべき者、と自負している。

一方ペリクレスは不敗の信念をもち、アテナイ人にその理由を説明し、必要なものすべてを市外の田園の住いから城内に移し、家畜、荷をひく動物のたぐいは、近海の島じまに移させた。アテナイ人は田園生活になれ親しんでいたために、この集団移住をたえがたく思った。土地にたいする愛着は、古くからアテナイ人の本性となっていたからである。ペルシア戦争後、家をようやく整えた者にとっては打撃であった。それでなくとも、家屋敷を後にすて、昔からの神々の祀りをも廃し、生活のいっさいを改めることには、それぞれ自分自身のポリスをすてるにもひとしい悲哀といきどおりを覚えた。

家族を刻んだ石碑

アテナイの城内に家があったり、友人や親戚のもとに避難できる者はわずかであった。だから多くの者は、町の空地や、神域や英雄神の聖地にまで住居をもうけた。しかし、アクロポリスとかアゴラ（市場）の東南の隅にあったエレウシニオンなどは、厳重に立入りが禁じられていた。アクロポリスの北西の崖下に、ペラルギコンという土地があった。これは「ペラルギコンは荒地たるべし」のデルフォイの予言が伝わり、この地に住む者は呪《のろ》いをうけるとされていた。しかし、現実の必要は、それすらもふきとばすほど切迫していた。難民のなかには、城壁の塔や矢倉のなかに住みつくものも多かった。ポリス・アテナイは、集団入居をうけいれる余地のないことを痛感して、後には拡張した。こうしてアテナイ人は内の準備をととのえ、外敵にたいしては、同盟諸国から軍勢をつのり、ペロポネソス沿岸攻撃のための軍船百隻を用意し、戦争開始の準備に余念がなかった。

たしかにこの時期であったかいなかは確実でないが、ソクラテスは、

「友人たちの困却を無知に起因するものは知恵を貸して救い、窮乏に基づくものはおのおの力に応じて助けあうように教えて、救おうとした。」

「アリスタルコス、何か心に重荷があるようだね。君はその重荷を友人たちに分ける必要がある。あるいはわれわれも君の荷を軽くしてあげられるかも知れないから。」

「いやまったく、ソクラテス、なんともかんとも困惑しきっている。市の内乱が始まって以来、たくさんのものがペイライエウスに逃げたものだから。後に残された女どもが姉妹だの姪《めい》だの従姉妹だの、ぞろぞろ私のところへ集まってしまい――」

こうして、ペロポネソス軍はアッティカに侵入、ポリス・アテナイに六〇スタディオン(約一〇・六キロ)の距離に迫った。それだけではない。自分たちの畑や村が破壊されていく光景を眼前にしなければならなかった。若者たちの経験をこえ、老人にとってはペルシア戦争以来のことゆえ、その動揺は激しかった。しか

し、ペリクレスは出撃を許さなかった。常規を逸した市民たちの騒動と、政策によらず激情にこりかたまり、それによってかれらが犯すかも知れぬ致命的な過失を未然に防ぐためであった。そしてかれはさらにきびしく守りをかため、人心を平静にもどすことにできるかぎり努めたのである。ペリクレスの名将ぶりはこれにつきない。戦没者の国葬において行なった演説は、弔辞《ちょうじ》ではあったにせよ、かれの優秀さをいかんなくみせてくれる。

民主政治

弔辞者にえらばれたペリクレスは、およそ六〇歳であった。ソクラテスはおそらく三五歳になっていたであろう。ペリクレスは、まず祖先に感謝し、ついで今日の栄光を築いた父に賛辞をおくった。さらに、アテナイ人がいかなる理想を追求し、どんな政治と、どのような人間を理想として、今日の偉大なアテナイにしたかを語った。その内容は、プラトンの対話篇『クリトン』の終わりで、ソクラテスが語る自由と掟の言葉にもられたものと、同一の精神なのである。ペリクレスの考えた民主政治は次のような内容であった。

われわれの政体は他の国の制度にそのままにしたがうものではない。他人の理想を追うのではなく、ひとにわが模範を習わさせるものである。その名前は民主政治と呼ばれる。少数者のひとりじめをなくし多数者の公平を守ることをむねとしている。

わが国においては、個人の間に争いが起これば、法律の定めによって、すべての人に平等な発言が認められる。しかし、一個人の才能の秀でていることが世にわかれば、無差別な平等の理をしりぞけ、世の中の人の認めるその人の能力に応じて、おおやけの高い地位をさずけられる。たとえ貧しい暮しのなかから身を立てようとも、ポリスのためになる人であれば、貧しいからといって道をとざされることはない。われわれはあくまでも自由におおやけにつくす道をもっている。毎日お互いにねたんだりうたがったりする眼を恐れることなく、自由な生活をうけとって自分のものにしている。

たとえ隣人がひとりだけの楽しみを求めても、これを怒ったり、あるいは実際の害がないとはいえ、不快をもよおすような冷たい眼をあびせることはない。お互いの生活においてわれわれはたがいにおさえつけたりこらしめたりすることをしない。しかしことがらが公けに関するときは、法を犯すふるまいを深く恥じおそれる。時の政治をあずかる者にしたがい、法をうやまい、侵された者を救う掟《おきて》と、万人に濁《にご》りのない恥を知る心をよびさます「不文の掟」とを、あつく尊ぶことを忘れない。

このように、アテナイの民主政治は、自由の理念にもとづいていた。その自由は無秩序をもたらすものではない。法によって与えられた自由の原則がもとにあり、自由であるためには法を守らなければならないからである。しかし、この民主主義は、民衆の意見の反映した貴族・富裕《ふゆう》階級の政治である。一般の人びとが政治の担当者をえらびだせることに特色があり、だれでも政権を担当できるのではなかったところに限界がある。ペリクレスのいうアテナイのデモクラシーの理念は、法の前での平等と能力主義とを公然と示したものであった。

ソクラテスはこの時代に人となり、プラトンは敗戦と政治的混乱の時代に成長した。その時代的背景の相違にとどまらず、両者の眼はたしかであった。だから、プラトンはソクラテスの精神形成期における、ペリクレスを中心とするアテナイ社会の遠大な理想を、ほんとうにあったとは信じなかったらしい。恩師ソクラテスの末路を身をもって体験しなければならなかったかれには、ペリクレス時代も、大衆煽《せん》動家の暗躍期とうつったのも当然かも知れないのである。

ソクラテスにも、プラトンのような考えがなかったとはいえない。しかしクリトンの逃亡のすすめに応じなかったかれには、ペリクレス的デモクラシーの理念を、プラトンとは別な角度から見、それを認める態度があったといえるだろう。ソクラテスはエウテュデモスに、

「君はいま民衆によって治められる国家の頭に立とうと準備しているのであるから、デモクラティア（民主政体）とはなんであるか知っている」

といっているからである。またクセノフォンによれば、ソクラテスはバシレイア（王道）とテュランニス（僭主政治）を区別した。王道は人びとがこれを承服し、国法によって治める。テュランニスは、人びとの意にそむき、法によらず為政者の独断によつて治める。アリストクラティア（貴族政体）は慣行の掟を守る人びとの間から行政者たちを任命する。プルトクラティア（富者政体）は、財産の額から任命される。デモクラティア（民主政体）はあらゆる人びとの中から任命される、とソクラテスは考えていた。さらにかれは『クリトン』の中で、アテナイの国法は自分にこう告げている、という。そしてその内容は、およそ次のよ

うなものであった。

「それなら、ソクラテス、考えてみるがいい。お前がいまたくらんでいるのは、われわれにたいして、正しくないことを、たくらむゆえんだ、というわれわれの主張は、はたしてほんとうでないであろうか。なぜなら、われわれはお前をうみおとし、やしない教え、お前もそのほかのすべての市民に、われわれの手のなかに、あらゆる良きものを、分け与えたものだが、それにもかかわらず、われわれは、これを希望するほどの、アテナイ人にむかっても、こう宣言しているではないか。かれが一人前の市民となり、国家の実状やわれわれの法律というものを観察したときに、もし万一われわれがかれの意にかなわないようなことがあれば、そのときかれは全財宝をたずさえてどこでも好きなところへ行くことを許されると。またもしお前たちのうちだれでも、われわれやこの国が気に入らないものがあって、どこかお前たちの植民地へ行くか、またどこか外国へ移住するかしたいと思うならば、自分の財宝をとりまとめて、どこでも好きなところへ引越して行くことは、われわれのなかまはだれもこれをさまたげも禁じもしない。しかし、お前たちのうちで、われわれがいかに裁判を行ない、またそのほかいかに国政をとるかを目撃していながら、なおここにとどまっているものは、われわれの命ずるいっさいをふみ行なうことを、行動によってわれわれに約束したものだとわれわれは主張する。そうしてわれわれに服従しないものについては、かれは三重の不正を行なう者だ、と主張する。第一にかれは、その生を与えたわれわれに服従しないからであり、第二にかれは養育者にしたがわないからであり、第三にかれはわれわれにしたがうことを約束しておきながら、したがいもせず、そうかといってわれわれになにかまちがった行ないがあったとき、説得によってこれを改めさせようとするのでもないからである。しかし、われわれが命令するのは、実はただ提議するまでで、らんぼうに強要するわけではなく、われわれに非をさとらせるか、もしくはわれわれの命令をふみ行なうか、二つのうち一つをえらぶことを許しているのに、かれはそのどちらも実行しない。」

これがソクラテスのアテナイを去らない一つの理由であった。その意味でかれは、魂の不滅という、ペリクレスとはちがった視角をもっていたにせよ、アテナイの民主政治を、まっこうから否定するものではない。むしろ祖国を愛し、その愛がたんなる感情的なものではなく、アテナイの誇る自由と平等の理念への愛着をふくんでいたといえよう。法とソクラテスとのむすびつきには、このような「不文の掟」があることからして、ペリクレス時代の子ソクラテスの観がないとはいえないであろう。

ソクラテス思想誕生の背景

文化発生の母胎

文化や思想は一日に生まれるわけではない。その土地の風土とそこに生きた人間の精神風景、それもながい年月の間に血と汗でつちかわれた、一見して人の心を誘惑する魅力にもよるのである。ペリクレスの弔辞は、そういう人をひきつける力をもった精神風景の一つである。ソクラテスもやはりこの時代と土地の子であった、とわれわれをうなずかせる。しかも戦乱に明け暮れたアテナイにおいてであるのは、一考に値する。

ペリクレスのいう「不文の掟」とは、おかされたものを救う掟と、廉恥《れんち》の心を呼びさますものである。これは人の心と行為のなかにあって、文字のなかにあるのではない。それをあつく尊ぶことを忘れないポリスにおいてこそ、いかなる苦しみもときほごす安らぎがえられる。四季をつうじて競技や祭典をもよおしても、市民の家が美しいたたずまいになっても、日びに喜びをあらため、苦しみを解放する「不文の掟」は忘れてはならない。アテナイにはこういううるわしい精神の風土がはぐくまれつつあった。

どんな人にもアテナイ人は知識をこばまない。ポリスを開放し、けっして遠い国の人びとを追うことをしない。敵に見られては損をする、という考えをもたない。学問であれ、見物であれ、構ではない。力は、なにかをなそうとする、われわれ自身の意欲をおいてほかにはない。力は戦いの仕掛けや虚からきびしい訓練をし、勇気をそだてようとしても、自由の気風がなければ、その目的ははたせない。いかに小さなときな訓練よりも、自由の気風により、規律の強要によらない勇武の気質によって、生命をかける危機をも肯定できる。それは最大の利点である。最後の苦悶にたえるために、小さなときから苦闘になれしたしむ必要がないからである。これが紀元前五世紀のポリス・アテナイの精神風景である。その特色は「自由の気質」の尊重にある。

自由人

アテナイ人において、力は知恵と知識と意欲であった。これらはアレテー（徳・卓越性）と結びつき、それは自由の母胎でもある。それあって人は自由人となれるからである。

自由は素朴な美の愛に通じている。それはさらに知の愛へとはこばれていく。だから、アテナイ人は、富を行動の礎とするが、いたずらに富を誇らないですますことができた。身の貧しさを認めても恥としない。むしろ、貧しさを克服する努力を怠るのを恥とする。自分の家計と同じように、国のことにもよく心を用い、自己の生業に熱心にはげむ。だから公私いずれの活動にも関与しないものを、閑暇を楽しむ人とはいわない。無益な人とみなす。われわれはうたんとする手を理づめに考えぬいて行動にうつるとき、もっとも果敢に活動できる。多くの人は無知なときに勇をふるうが、理づめにあうと勇気をうしなう。しかし、ほんとうの勇者とは、真の恐れを知り、真の喜びを知っているから、その理をたてていかなる危険をもかえりみない人であろう。

さらに、徳とはひとからうけるものではなく、もちろんときにはそういう場合もあるが、とくにひとにほどこすものであり、これによって友をうる。ほどこすものは感謝をうけ、それを保ちたい情にむすばれ、相手への親切をかかすまいとするために、友情はいっそう固くなる。ただ他人にあおいだ恩を返すものは、積極性をかき、相手を喜ばせるためではなく、義理の負目をはらうにすぎない。こうして、利害得失の計算にとらわれず、結果を恐れずに人を助ける。これが自由人であり、したがって自由な人は徳の信念をもっている人であろう。

ポリス全体はギリシア人が追求すべき理想のあらわれである。それによって、一人一人の市民は、人生の広い活動が保証される。自由人の品位をもち、自分の知性の円熟を期すことができる。

文化とポリス

これは事実をふまえた真実である。ポリスの力がいかんなく発揮されたからである。列強のなかで、ポリス・アテナイだけが、試練にぶつかって、名声をしのぐ成果をかちえた。なによりも、敗退した敵でさえ、うやまい怖れることをしても、うらみをもっていない。アテナイにしたがう属国は、アテナイ人の徳を認めて非難をしない。アテナイ人は、今日の世界のみならず、遠き末世にいたるまで、世人の賞嘆のまととなるだろう。このように、ペリクレスの言葉は誇りにみちている。

たしかにペリクレスが誇るポリスにふさわしく、その立脚点は明解である。ポリスあっての個人であり、個人あってのポリスではない。ここに紀元前五世紀の人間存在の限界がある。しかし、戦いはいつ始まるかわからず、戦没者の霊をとむらう、名将ペリクレスの言葉であってみれば、ポリスを主体とする発言は当然であろう。それにもかかわらず、知性と徳と学問への配慮が脈うっている点は注目に値する。文化発生の芽はけっしてつみとられていないのである。しかも、ペリクレスはホメロスを意識し、かれに賞賛の詩を期待するむきもないではない。しかし、詩にたいするペリクレスの認識は、名将にふさわしくない面がある。詩人は言葉のあやで耳をうばうとかれはいう。真実の光のもとに虚像をあらわにするともいう。だから、かれは、この慰霊の席にホメロスの助けを求めずともよいという。

アテナイ人は、勇敢によって、すべての海、すべての陸に道をうちひらき、地上のすみずみにいたるまで、悲しみと喜びを永久にとどめる記念の塚を残している。地下に眠る将兵は、ポリスのために、その義務を戦場ではたし、生涯を閉じた。ここに眠る人びとやかれらと行動をわけあった人びとの勇気と徳とは、真の美に近い。善の輝きによって悪を消し、公けに益することによってわたしの害をつぐなっている。危険のさなかに残っては、命のかぎり立ちつくすことこそ、退いて身を守るより貴いと信じて、きたるべきものを生命でうけとめ、自分の名を卑怯のそしりから守った。ついに死の手につかまれたとき、恐れは去り、生死の岐路はとるに足らぬ偶然のさだめ、という誇り高い覚悟をしたのである。アテナイ人は死すべきときを知っていたといえよう。

死すべきとき

人はかならず死なねばならない。この明らかな事実、当然の理を、なんとかしてさけて通ろうとするのが、人の常である。死の意味と、いかなるときに死すべきかを知らないからであろう。

ソクラテスの四〇歳前後におけるアテナイの死生観は、その時代的背景と深くつながっている。幸福であろうとすれば自由を、自由であろうとすれば勇者たるの道あるのみと悟って、戦いの危険にたじろいではならない。ほんとうに生命を軽いと思える人間は、幸せの望みをたたれ苦悩のなかにあえぐもののなかにはいない。運命の逆転を恐れるもの、逆転によってこの世の幸せが大きくゆらぐ恐れをもつ場合にのみ、人は生命の危険を忘れることができる。人の世の幸せとは、死すべきときには、死にふさわしい至高のいわれをもつことである。そうして、悲しむべきときには、なによりも貴いなげきをもつことである。生にこめられた幸福が、死にこめられた幸せによって、たがいに補いあっているからである。幸せを知らないものは、不幸を知ることもできない。幸せをつねとし、これをうばわれたものにして、幸せも不幸もわかる。悲哀には勝たねばならない。子どもをもつ人は、それに希望をたくすがよい。みな自分の子の生命にかかわると思えばこそ、対等と正義を政治の場において主張できる場合もあろう。

年老いた人びとは、すぎた人生を幸せに過してきたと思うがよい。残る悲しみもあとわずかである。先立った子らの栄光によせて悲しみを和らげるがよい。諺にもあるとおり、「ただ名を惜しむ心だけが老いを知らず」なのである。仕事をなし終えた人は、我欲にきゅうきゅうとして老醜をさらすべきではない。むしろ人びとの敬愛をあつめるものとなるべきである。

生者が死者と競うことは、ほんとうはできない。かりにできたとしても、見るものは生者に嫉妬を覚えるが、死者にはすなおな好意をささげるであろう。女性においては、女であることの本性にもとらぬことが、最大のほまれである。男性はその本分にもとらぬことが、やはりほまれといえよう。

こうして、アテナイ人は、死者をともらい、各人の死すべきときを確認した。そして、子どもの養育費を、成年の日まで、国費によってまかなうこととした。それは、試練に耐えた勇士たちとその子どもたちに与えた特典であった。それをペリクレスは実行した。またそれはポリスがささげる栄冠であった。ポリスは徳に至高の誉れを与え、それによって徳のあつまる国となり、国政も栄える、とアテナイ人は信じたからにほかならない。

ソクラテス精神

その精神の土壌は、すでにこの時代につちかわれていた。その萠芽は春の野辺の草木より以上に地面に頭をもたげていた。

その時代精神の内容を構成する勇気、正義、徳、知性、死生観などは、ソクラテスのそれらに通じている。ただかれがどこでどんな動機でこれらをうけとり血とし肉としたかの厳密な事実が客観的に伝えられていないにすぎない。もしクセノフォンの『メモラビリア』が正しいならば、それには相当の実例があげられている、といってよい。ソクラテスの精神形成のモメントは、かれの生きた時代のなかにすでにあったといえよう。

ペリクレス時代は、アテナイの最盛期であり、政治の面でペリクレス、思想・哲学の面でソクラテスが代表している、といえるであろう。戦争に終始していても、文明の泉が枯れなかったのは、かれらがいたからであり、さらにその内容が高貴でもあったからである。アテナイが衰えるにつれて文化の潮も流れさったように見えるのは、ギリシアが果たすべき水準にたっし、アテナイ人ではもうそれ以上に、文化の変革をもたらすことができなくなったことを意味するであろうか。それは異質の思想が生まれ、それが頂点にたっし、そこにはよほどの時がたたなければ、ふたたび文化といえるものが芽生えることのない、文明盛衰の秘密にぞくするのであろうか。

とにかく、アテナイは、文化の上昇期にあり、ソクラテスは、プラトン、アリストテレスを生みだす母胎を形成しつつあるプロセスのなかにあった。それは、アテナイにとって、危機の連続の時代でもあった。紀元前四三〇年夏、五月の初旬、ペロポネソス同盟軍はふたたびアッティカに侵入、まもなくアテナイに疫病が発生、アテナイ人は、ばたばたと死に追いこまれたからである。ソクラテスが四〇歳のころであった。

ペリクレスの死とソクラテス

奇病の発生

原因不明の病気はいつの時代にもあった。それは文明の象徴と断定はできない。しかし、それは文明とのつながりを考えさせるようにしてやってくる。ペロポネソス同盟の総指揮者アルキダモスが、各国総兵力の三分の二をひきつれてアッティカに侵入して幾日もたたないうちに、アテナイ人の間に疫病が発生した。

医者はその実体をつかむことができずみずから死の危険にさらされた。すべての仁術をつくしたが根治できなかった。患者はあらゆる神殿に嘆願し、予言と神力にすがったが、病苦に打ち負かされた。そしてかれらはすぐに予言も神力もすてた。

一説によると、疫病はエジプトのナイル川上流地域にあるエチオピアに発生し、やがてエジプトからリビア一帯に広がり、さらにペルシア領土の大部分をも侵した、といわれている。この疫病は、ポリスの生活の全面に、かってなき無秩序をひろげていく発端となった。人はそれまで人目をしのんでなしていた行為を公然と行なって恥じなくなった。金持ちでもたちまち死に、死人の持物をうばったものは、昨日とはうってかわった人となる、というはげしい盛衰の変化がふつうのこととなったからである。

アテナイ人は、内では人びとの死にぶつかり、外では耕地を荒らされる、という二重の極限状況のなかであえいでいる。人はこまりはてると迷信ぶかくなるものである。しかし神力も予言も、この状況には通じない。それでも、人びとは「ドリス人との戦いが起こるとき、疫病もいっしょにやってくる」という予言を忘れなかった。こんなとき、人はみずからの経験によって、過去のいい伝えすら変えようとする。プロタゴラスの「万物の尺度は人間である」はたしかに力をもっている。疫病は二年にわたって暴威をほしいままにした。一時、小康状態にはなったが、再発もした。人は戦争がもたらす偶然の強烈な力とまったく同じものとして心にきざまずにはいられなかった。

ペリクレスへの非難

人はいつまでも栄光の座にすわることはできない。年ごとにかさむ年齢とそれによる衰えと、はかり知れない現実との板ばさみにあって、偶然をも相手としなければならなくなり、理知の限界に直面せざるをえないからである。

ペロポネソスの侵入軍によって、アッティカの耕野はあますところなく破壊された。かれらは四〇日間にわたってここに駐留していたからである。しかし、紀元前四三〇年の夏、七月末、ペリクレス麾下の軍勢はポティダイアに兵をすすめた。ソクラテスが初めて戦場にでかけたのは、この時である。ペリクレスの同僚指揮官ハグノンのひきつれた四〇〇〇名の重装兵のうち一〇五〇名を病気で失ってアテナイにひきかえすしまつであった。こうしてアテナイ人は、戦いと疫病と田畑の荒廃に直面して、開戦に導いたペリクレスへの非を鳴らしはじめた。現在の窮状はもとをただせばペリクレスの責任である、と思いはじめたのである。そしてラケダイモン人との協調を求める気運におされていった。じじつラケダイモンに使者を送り、成果を期待したがえられなかった。その上にペリクレスへの非難をつのらせるのであった。そこでかれは、市民の士気をとりもどし、その不満をとりのぞき、平静な自信のある態度におちつかせるために、民議会を招集してその演壇に立った。

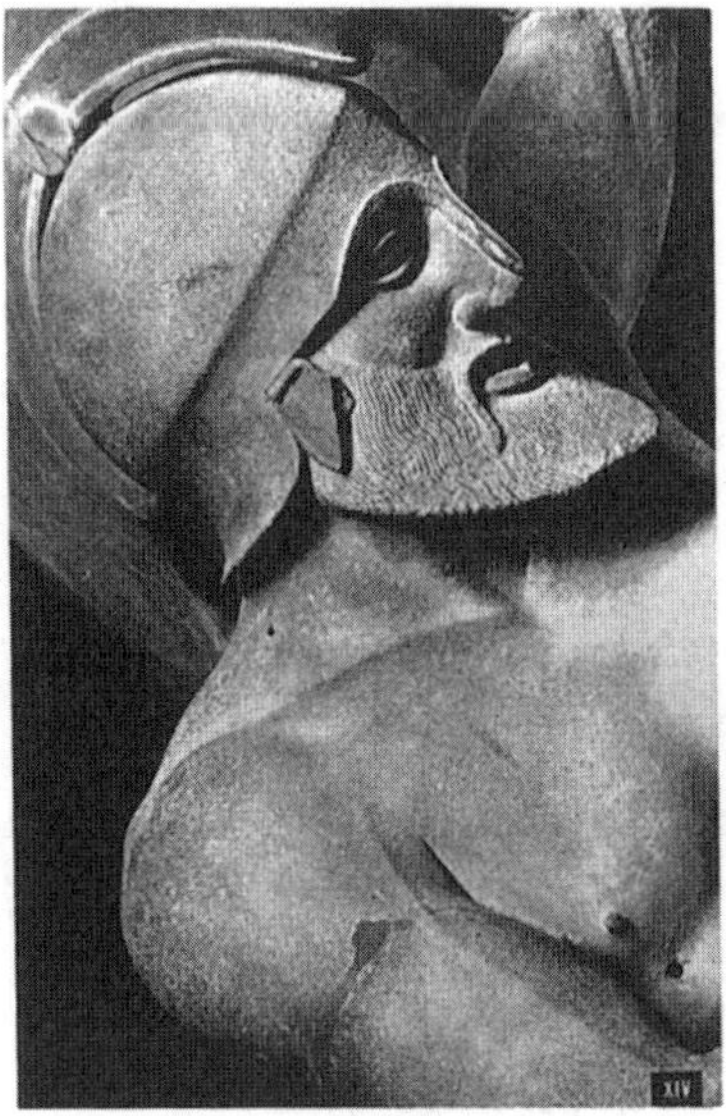

臨終の勇士

ペリクレス最後の演説　ペリクレスは、一身の利害にとらわれず、次のような名セリフを残した。

「諸君がわたしをせめ、かなしい現状にへこたれてしまう、正しいいわれがあるかないか、その点について諸君の記憶をしらべ、諸君の非をただしたい。わたしはあえていう。ポリス全体がなにごともなく安全でさえあれば、個人にも益するところがあり、そのプラス面は、全体を犠牲にしてえられる個人の幸福よりも大である。というのは、自分ひとり栄える運命を誇っても、自分の祖国が滅びれば、個人の幸せもともに失せる。自分が不運でも国運が盛んであれば、自分もやがて身を救う機会にめぐまれる。ポリスは個々の市民の犠牲に耐えることができるが、個人としてはポリスを犠牲にすることはできない。こういう事態にあっては、市民は力をあわせてポリスを守るほかに道はない。――わたしはポリスを愛し、金銭の誘惑に負けぬことでも、だれにもひけをとらない。判断ができても、的確に表現できなければ、論理がないにもひとしい。たとえこの二つをかねそなえていても、ポリスのたてまえに反するものは、一党の利益を説いても公けの利益を説かない。人がふみ行なうべき最高の道義を思っても、収賄のくせのあるものは、ただそのために国全体をさえ亡ぼす恐れがある。

――もとよりなにごともなく、平和と幸福の道をえらべる立場にあれば、戦うほど愚かな考えはない。しかし、屈服してすぐ他国に隷属するか、危険をかけても勝利をうるか、この二つのうちの一つをえらぶことをよぎなくされたとき、危険を逃げる者はこれに耐える者よりも劣る。わたしはこの考えをつらぬいてきた。いまこれを変える意志はない。しかし、諸君は動かぬはずの志に負けた。諸君は戦火がおよぶ前にはわたしの主張になびいたが、戦いにきずつけられると後悔しはじめた。そして自分の意志の弱いのにわざわいされて、このわたしの論拠までも疑いはじめた。なぜなら、戦争の苦悩はひとりひとりの人間によくわかってきたが、戦争の成果はまだ諸君全部の眼に見えるところまできていない。思ってもみない突発事件や、予想をくつがえす変事のたぐいは、人心をひからびさせる。とくに諸君のばあいは、疫病がその最たる原因になっている。諸君は偉大なポリスを住家とし、このポリスに恥じない気質をつちかってきたはずである。

――諸君の真の力が富である。それにくらべれば、地上の富は小果樹園の一つ、金であがなえるかぎりの一つにすぎない。これを失ったからといって、苦にすることはない。その真の力を確保し、最後の勝利までわれわれの自由を守りぬくことができれば、失ったものはなんの手もなくとりもどすことができる。

――諸君の父は、ひとからもらいうけたのではなく、自分の力で産をなしたばかりではなく、その一角を欠くこともなく守りぬき、われわれに今日のアテナイを残していった。そして、取らんとして敗れるよりも、守ろうとしてうばわれるほうが、はるかにしのびがたい屈辱である。

――だから諸君は、諸君全部の誇りであり喜びである覇者《はしゃ》アテナイの栄誉を守らねばならない。戦いの重圧から逃れるか、覇者の栄光を逃すか、二つに一つの道しかない。――諸君の義務は、現在たええないものをたえしのべば、これが歴史にのこる栄光となるのだと先見の明をひらき、ふたたび勇猛心をあらたにして、現在と未来をかちとることである。」

このようにして、アテナイ人はペリクレスの指示にしたがったのである。しかし、ペリクレスの生命は、それからながくはなかった。

ペリクレスの死

さすがのペリクレスも、人間の活動をまったくうばう死には勝てなかった。かれはペロポネソス開戦後二年六ヵ月生き、紀元前四二九年の冬一一月、六六歳の生涯を閉じた。その時ソクラテスはおよそ四一歳であった。

『英雄伝』の著者プルタルコスによれば、ペリクレスの死因は、疫病による衰弱死であった。かれの政治的生命、とくにアテナイにおける最高指導者としての地位は、十余年である。その政策は一種の保守的なかたむきをもっていたが、その指導力は抜群といってよい。ともかく在職年間におけるかれの身は安定していた。かれの政策の第一は民主政治である。

かれは、識見と弁論、国民全体に対する誠意、一種のポリス愛、金銭についての潔白、をもっていた。これらは、民主政治家のもたなければならない三条件である。その時代において、ペリクレスだけが、この条件を具備していたといえるであろう。

ペリクレスの死後、アテナイは急速に衰退していく。そのきざしはかれが生きていたとき、すでにあったのである。その一因は群小政治家たちが、ペリクレスの主張に反する行動をとりはじめていたことにもある。たとえば、演説家として知られるデモステネスにしても、クレオンとかアルキビアデスにしても、そうであった。これらの人たちは、大道をのがし小道を走った。大局を忘れ小局についた。いうなれば、小さな目的は知ることができたが、大きな目的をつかめなかった。たしかにささいな偶然が、ものごとを好転させることはある。その意味で、ささいなことをも、政治家は見逃すべきではない。しかし、政治家の生命は大局を見通す眼力にある。それによって計画をたてねばならない。さらに正道に立つ政治力を欠いてはならない。ペリクレス以後の政治家にはこれらの資格がうすい。

ペリクレスを諷《ふう》して、当時の喜劇詩人たちは、「オリュムポスの」、つまりゼウスのようなとか、その弁舌の巧みさをさして「ギリシア一のでっかい舌」などと、しきりに悪口をたたいた。しかしこれは、おそれうやまい、心から敬意を表したなによりの証拠なのである。

そのごのアテナイは、ペロポネソス勢に敗北し、一度はそれを破った記録はあるが、かつての栄光はいまだかって記録されることがない。ペリクレスの黄金時代は、今日まで一度もアテナイを訪れたことがない。力と富による栄光は、文化を志向し、芸術、学術、思想、哲学という、さらに人類に貢献しうる真の栄光へと変容しつつあった。

その代表者はソクラテス、プラトン、アリストテレスである。これら三巨人はアテナイの文化的黄金時代を築くことによって、ペリクレス以後のアテナイの落日を救済してあまりあることは人の知るとおりである。これはペリクレスの遺産とまではいえないが、その識見と血統によることをうたがう人はすくないであろう。ペリクレスとその下で血を流した多くのアテナイ人の貴重な体験、さらにイオニア以来の哲学的伝統とポリス的現実なしに、ソクラテスですらこの世にはでられなかったであろう。

＊ 典拠になった文献プラトン『クリトン』、ツキジデス『歴史』、クセノフォン『メモラビリア』、プルタルコス『英雄伝』

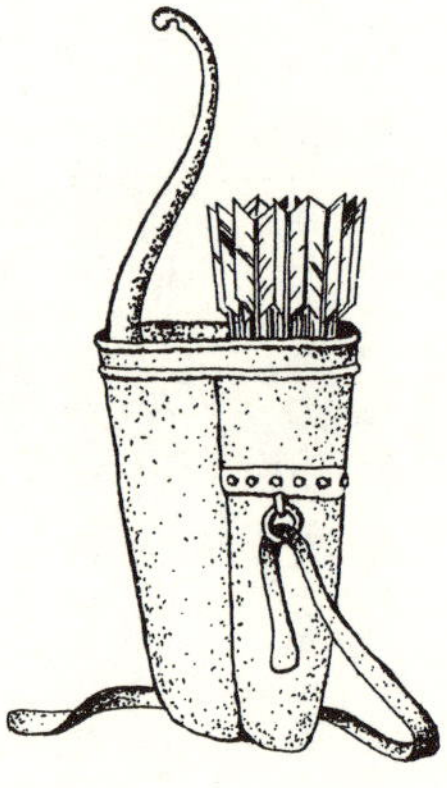

ソクラテスの活動

ソクラテスの前半生

ソクラテス

誕生

ソクラテスの出生については、なにひとつ正確な記録は残されていない。そのひとつの理由は、当時のアテナイには、まだ出生についてのおおやけの登記が行なわれなかったからである。しかし、かれの誕生の年について、多くのひとの意見はだいたい一致している。

ソクラテスは紀元前四六九年、アテナイのアロペケ区に生まれた。この「区」というよび名は、アテナイの民主政治の基礎をきずいたクレイステネスの改革以後、それまで「だれそれの子だれだれ」といっていたのを「なになに区のだれだれ」と改めたことによる。とにかく、ソクラテスはペルシア戦争の終末期に生まれたことになるのである。

ツキジデスは『歴史』のなかで、ペルシア戦争は二つの海戦と二つの陸戦で勝敗がきまった、とのべているが、それはサラミスとミユカレの海戦と、テルモピュライとプラタイアの陸戦をさしている。そのプラタイアにおいて、ギリシアの槍兵は優勢なペルシアの弓兵を圧倒した。この決定的な勝利から九年の後にソクラテスは生まれたのである。

この紀元前四六九年という年の推定のよりどころは、プラトンにある。かれによれば、ソクラテスがアテナイの牢獄で刑死したのは、紀元前三九九年、かれが七〇歳の時であったからである。ゆえに、それからさかのぼって計算すると四六九年となるわけである。それに、ソクラテスの裁判と死刑の記録は、紀元前三九九年の春をしるしているのであるから、かれがそれをさる七〇年前に生まれたことは、おそらくまちがいがないであろう。

両親

ソクラテスの両親について伝えられていることも絶対確実というわけではない。一般に信じられ、いわれている父母の名は、ソプロニコスとパイナレテである。

父ソプロニコスは、アテナイのアロペケ区に住む彫刻家であったという。かれは有名な同区民アリスティデスの家と親しかったことから、区内でも重きをなしていたようである。彫刻家といういわれがでたのは、ソクラテスがふざけて、自分はダイダロスの子孫だといったことによるらしい。ダイダロスは彫刻家の先祖だからである。それだけではなく、ソプロニコスは、職人で、彫像師あるいは石工であったとされている。

母パイナレテは、産婆であったという。それもすぐれた腕をもっていたらしい。しかし、職業的助産婦であったかいなかは明らかではない。かの女にはパトロクレスという他の男との間にも息子があり、その子をつれて、ソプロニコスといっしょになったという。これらはいずれもプラトンの言葉であるから、一応信用してよいであろう。

家計と教育

石工と産婆の家だから、家計は貧しかったと速断することはできないであろう。貧困階級であったとするわけにはいかない。A・E・テイラーが『ソクラテス』のなかでのべているように、母パイナレテは、その名前からすると、よい家がらの婦人だったらしい。これらの点からみて、ソクラテスの生まれたころの家庭は、きわめて貧しく、その身分も賤《いや》しい、というのではなく、あるていどの私財と身分をもっていたと想像できる。

プラトンの『クリトン』によると、教育については熱心であった。ソプロニコスは、体育においても、音

彫刻家

楽においても、当時の基礎的な教育はさずけようとしていた。それも実に細かい注意をはらっていた。もしこのことがほんとうであれば、ムシケー（音楽）は、ギリシアにおいて、ムウサイ（ミューズの神）のつかさどるいろいろの技芸の全体をさしているから、ソクラテスは、音楽だけではなく、音楽をともなう詩、さらに一般に文学とかそのほかの知的、芸術的な教養を身につけたことになろう。さらにこのことは父母の生活の余ゆうと、勉強のできる自由があったことを、われわれに物語っている。

ソクラテスは、紀元前四二四年にホプリステース（重装兵）、すなわち十分な装備をもつ歩兵として従軍しているので、かれがこの役にたえるだけの収入をもつものと認められていたにちがいない。これは、もちろん、かれの四六歳の時であるから、生時のソクラテスの家計ではない。しかし、このころまでは、極貧の家計でなかったことはたしかである。

幼少時代

ソクラテスは無学であった、というような一部の伝承はあたらない。しかし、かれには有名なこれこれの教師がいた、という確実な証拠もない。

かれは紀元前五世紀という偉大な教師をもっていた。光輝ある世紀がかれの背後にあった。悲劇作家アイスキュロスが世を去ったのは、ソクラテスが一四歳の時である。やはりその時代一流の劇詩人ソポクレスとエウリピデスは、かれよりもおよそ一〇歳年長であった。さらに、偉大なペリクレスがひかえていた。ソクラテスが生まれた時には、かれは、二五歳の青年であった。

アテナイのアクロポリス

そのペリクレスは、アイスキュロスの愛国劇『ペルシア人』上演の費用をだしている。少年ソクラテスは『アガメムノン』劇を見たかもしれない。かれがそうしようと思いさえすれば、ギリシアの三大悲劇詩人の才能にも触れることができた。それだけではない。少年ソクラテスの眼前では、われわれが今日廃虚の形でしか見られない、あのパルテノン、そのほかフェイディアスの彫刻、ペリクレス時代のアテナイの誇る大建築などは、完全な姿で存在したはずである。

感覚の鋭敏な、探究心のさかんな時代に、これらの作品にぢかにふれたかどうかは、生涯を決定づけるなにかをきざみつける。『古代への情熱』を書いた、シュリーマンを想像するだけで、このことは十分である。テイラーがいうように、「海洋帝国アテナイのめばえであるデロス同盟は、ソクラテスの生まれる一〇年ほど前に、成立していた。この同盟はアジアおよびエーゲ海諸島のギリシア人が、防衛のために組織したものである。アテナイはえらばれてその盟主となった。ペルシアに対抗するためには、強力な艦隊で守られていることが必要であった。加盟国家のなかで強大な国は艦船と船員を提供し、ほかは献金でこれにかえる仕組みであった。その同盟の基金がデロス島のアポロンの神殿に保管されていたところから、デロス同盟とよばれたのである。紀元前四六一年ペリクレス的民主政治の基礎がすえられたころには、ソクラテスはすでに自分のまわりに起こる事象に注意しはじめるのに十分な年齢になっていた」であろう。

少年ソクラテスには、あまりにも激烈な時代であった。しかしかれは不屈な信念を育て、清く美しく、善ひとすじであろうとしたようである。それは人間的には、あまりにも崇高にすぎる。でもその母胎はすでに、この時代にはぐくまれていた。それは激流の時代がかれに要求し、それにこたえようとするかれの意欲に起因するのかもしれない。人間、この偉大と惨忍さの正体に、決定的方向を自分が与えずして、だれがやってくれるか、と少年ソクラテスは、使命感に全身をひきしめたかも知れない。その意味で、かれの少年時代は、かれの晩年とすでに直結しているともいえるであろう。

青年時代

人の生涯は、その青年期にすでにその晩年を暗示するような特徴を示すものである。ソクラテスが風変わりな人間で、思想を生きるに天才的な人がらであったことを、多くの人は認めているが、かれの青年時代にそれがどのように顕著であったか、その具体的な例は何一つ残されていない、といってよい。しかし後に述べるように、アナクサゴラスのヌース説との訣別はこのころであったようである。

ある伝承によると、ソクラテスははじめ父の仕事をうけつぎ、彫刻師であった、と伝えているが、それがなん歳の頃であったか、まったくわかってはいない。旅行家として有名なパウサニアスの、紀元後二世紀の

『ギリシア案内記』によると、アクロポリスの入口の前に、後二世紀ごろまで、「美の女神像」があった。これがソクラテスの作だとする説がある。これは、初期のソクラテスを示すもので、史家はあまり永いあいだこれを無視してきた。しかし、これとて、青年期のソクラテスというなんの証拠もない。

エピソードふうの伝承を、ソクラテスほどの人物は、数多く残している。じじつあったにちがいない。ソクラテスは高利貸であった、などの記事もあるが、喜劇作家でソクラテスをもじった喜劇『雲』を書いたアリストファネスですら、そんなことはいっていない。だがやはり、青年期のソクラテスは謎につつまれている。

アリストファネス

青年期につきものの愛情と恋愛の問題について、いわゆる異性間のそれについては、なにひとつ語り伝えられていない。七〇歳にして幼児をかかえていたソクラテスが、性愛について純然たるプラトニックであった、といえば、われわれは誤りをおかすことになろう。たぐいまれな節制家で知られてはいるが、直線を本質とする、すなわち疾風怒濤の時代に、たんなる夢想に終始した、ともいえないであろう。さればといって、街娼のいなかったアテナイではないから、性愛の苦悩はすべてそれによって処理していた、と断定するわけにもいくまい。あの霊魂の独立、その不滅を信じてうたがわなかったソクラテスだから、純潔に生きたのである、と想像することも問題である。天上と地下のことにもっぱら想いをいたし、地上の人生現象には、まったく無関心であった、ともいえない。

ソクラテスは神秘的ではあった。それが、愛欲の変型となってあらわれていたきざしはある。神秘的気分とエロス的気分との間に、ソクラテスの現実の愛欲がはさまっていたともいえるだろう。それが、かれについて伝えられている「同性愛」である。プラトンも、『饗宴』のなかで、この点にふれている。しかし、それは当時のアテナイ人の習俗の結果かも知れない。文化が高度になれば、人は変型にしか興味を示せなくなる、というのでもないだろう。たしかにアテナイは、そのころの文化芸術のメッカではあった。ソクラテスのばあいは、これとはちがっている。その実例はソクラテスとアルキビアデスとの交渉である。それはいわゆる「ソクラテス的エロス」といったらよいのか、「同性愛」といったらよいのか、ソクラテスの場合、たしかに神秘的なのである。

ソクラテス的愛

ソクラテスの愛は、たぶんに性格的なものであったように思われる。ソクラテスは美しい人には惚《ほ》れっぽかったといわれている。美しい人には夢中になる時があったとも伝えられている。プラトンは『饗宴』のなかでこんなふうにいっている。

ソクラテスがほんきになって、うちがわをのぞかせると、その内部の像は、神的で黄金で、とても美しく、おどろくべきものなのである。だから、ソクラテスの命ずることなら、なんでもすぐに行なわなければと思う。とくにアルキビアデスは、ソクラテスがかれの美しさに熱中していると考えたので、驚くべき幸運

アルキビアデス

だと思う。ソクラテスの意にそってやれば、かれの知っていることは、なんでもきけると思ったからである。

そこで、アルキビアデスは、ソクラテスと一対一になったとき、愛人が人気のないところで稚児に話すようなことを、すぐに話すだろうと思い喜んだのである。しかしそんなことはなにひとつ起こらなかった。

そこでこの人には力づくで攻撃していかなくてはならない。ひとたびてがけたからには放棄してはならない。もうことの真相を知らなくてはならない、とアルキビアデスは思う。

ちょうど稚児をねらう愛人のように、ソクラテスといっしょに食事をしようとさそう。かれはすぐにはききいれず、ときがたつにつれて応じてくれはしたが、食事がすめば立ち去ろうとする。しかしふたたびねらい、夜もおそくまで話をし、おそいことをたてにむりにひきとめ、臥床《ふしど》のなかで二人だけでねた。それから、そこでなみなみならぬ行為が起こる。そのうえ、毒蛇にかまれたものの状態がアルキビアデスをとらえる。このようになると、かつてかまれたことのある人びと以外には、それがどのようなものであるか、話す気にはなれないという。この経験のある人だけが苦痛のあまりあえてどんなことをしたにしても、いったにしても、それを理解してくれ、同情してくれるだろうと思うからである。ともかく、アルキビアデスは、ソクラテスによって、人びとがかまれていちばん痛いところを、つまり心臓を、あるいは魂を、愛知の言論で刺され、かまれたのである。

この言論は一度でも若くて素性《すじよう》の悪くない魂をとらえたら、毒蛇よりも猛烈にくっついていて、どんなことでもしたりいったりさせる。アルキビアデスはソクラテスにいう。あなた一人が、わたくしにふさわしい愛人だと思われます。あなたはわたくしにうちあけるのをためらっている。わたくしはあなたの意にそわないことはなにひとつ考えないことにしている。わたしにとって、できるかぎり善いものになることほど貴重なことはありませんが、その援助者としてあなた以上の力のある人はほかにはいない。これに答えてソクラテスはいう。

愛するアルキビアデスよ、君はほんとうに、ばかではないらしい。もし君がわたくしについていっていることが本当であって、君がそれによって善いものになることのできるような、なんらかの力が、わたくしのうちにあるとすればである。じじつそうなら、君はわたくしのうちに、君のもとにある美貌よりも、はるかにそれこそすぐれたすばらしい美をみることができるであろう。したがってもしそれを認めてわたくしとまじわり、美と美とをとりかえようとくわだてているのなら、すくなからずわたくしよりも得をしようともくろんでいる。それどころか、みせかけの美のかわりに、真実の美を獲得しようとくわだて、じっさいに「青銅づくりのものと黄金づくりのもの」とをとりかえようと考えている。しかしいっそうよくみてみたまえ、おめでたいことに、わたくしがなんでもないものであるということを、君はみおとしているのではないか。たしかに心の眼は肉体の眼が盛りをすぎ去ろうとする時に、鋭く見はじめる。しかし、君はそれにはほど遠い。

アルキビアデスはいう。わたくしからいうことはさきのようなことなのです。そのうちどれひとつとしてわたくしの思っている通りにいわれなかったものはありません。そういうふうにあなた自身も、なんでもあなたとわたくしとにとって最も善いことだと考えられることをよく考えてみてください。

これにソクラテスは次のように答えるのであった。そうだ、それはもっともだよ。じっさい、これからは、これらのことについても、ほかのことについても、われわれ二人にもっとも善いと見えるものを、互いに考えあって実行することにしよう。

アルキビアデスは、いわば矢を放って、このソクラテスは、もう傷つけられたと思い、なにもいわせないうちに、冬だったので外套《がいとう》をソクラテスにかぶせ、横になった。ところがソクラテスはまったく精霊的なおどろくべき人だった。アルキビアデスはそのソクラテスに両手をまきつけて夜通しねていたのであった。

しかし、以上のことをしてみたものの、ソクラテスはアルキビアデスの美にうち勝ち、軽蔑し、嘲笑し、侮辱《ぶじょく》したのである。そしてかれは美しいことでは、たいしたものだと思っていた。ともかく、アルキビアデスは、ソクラテスといっしょにねて起きたのだが、父兄といっしょにねたのと、寸分ちがわなかったというのである。

これを「ソクラテス的エロス」ということもあるが、なにか神秘的すぎるきらいがありすぎるように思われる。このプラトンの『饗宴』の叙述では、このあとソクラテスとアルキビアデスは、そろってポティダイアの戦場に、紀元前四三二年、出陣しているのであるから、このころソクラテスは、すでに三八歳になっている。もはや壮年である。

一方のアルキビアデスは、ソクラテスよりは一五歳か二〇歳ぐらい若かったのである。アルキビアデスはほんの少年であり、ソクラテスは三十代になってからも、ずっとこのむすびつきは続いていた。「神秘的な愛」のひとつの典型といえるであろう。

神秘の愛

人の生涯に秘密は影のごとくつきまとう。それは善悪をこえている。なぜなら、それあって、その人は生の意欲をもちこたえているかのように思えるからである。

この秘密は作為的に作れるものではない。だから許されもする。ソクラテスもその例外ではなかった。異色である。人の生涯のこの影にメスを入れなければ、その人の生成の謎はとけない。しかし、そうした影は、なかなかその本性をあらわにしない。ソクラテスは、つね日ごろから、それこそ、たわむれに、自分は「生涯のエロス神の犠牲」、「愛の手練者」である、と語っていた。

それらが、たわむれであったにせよ、なにか重要なソクラテスの一面をのぞかせている。プラトンもクセノフォンも、この「たわむれに」という点を、用心しなければならないという。たしかに誤解してはならない。もしあやまって理解すれば、ソクラテスの偉大性がくずれるおそれもあろう。ソクラテスが法廷にひきだされた告訴理由の一つは、このアルキビアデスとのむすびつきにもあるからである。「青年をまどわす」ソクラテスという一項である。

アルキビアデスは、たんなるソクラテス誘惑の物語を語ったのではない。ソクラテスの純潔を前提にしている。それも道徳的なそれであった。ソクラテスは感傷の濁流の中に流されていたのではない。官能のとりことなっていたのではない。むしろこの逆ではなかったのか。

官能と感傷の嵐から解放することが主であった。神秘の愛を独立させたかった。この嵐のなかから神秘の愛を自由にさせたかった。その愛を肉体から解放し純粋にさせたかったのである。それなら、なにも少年を道づれにしなくてもよいであろう。この疑問はそうむずかしい問題ではない。想念はひとりずもうに終わるきらいがある。いかなる愛にしても、それは対象のないところには成立しない。ソクラテスは美少年を相手にしても、なおかつ、溺愛《できあい》はしなかった。美少年の純粋性に期待をよせていた。にごりのないすんだ童眼のなかに、われわれが発見する、無限の美、かぎりない魅力、それらは夢想と想像をはるかにうわまわって、精神をふるいたたせる。ソクラテスとてそれを知らなかったはずがない。

恋愛において、越えてはならない一線が、不離の因となるように、純粋性は永遠の一瞬を、日常の経験において暗示してくれる。一線をこえ、ヴェールをぬいでいくにつれて、つながりの糸が切れていくのは、精神の結合が弱かったというだけではなくて、肉体的つながりがくりかえされ、二人の距離と時間のなかに忘却のふちがのぞくからであろう。だからといって、肉体の結合をさしひかえ、がまんをするというのではなくて、自然な精神の交流がかよいあうところに、神秘の愛の本性がある。ソクラテスの「同性愛」は「神秘の愛」であった。美少年を愛することは、本質的にいつまでも、女性とのそれのような、官能と感傷による感覚のつぐないを、もちこまない。

青年ソクラテスのなかに、たしかに、熱情的な愛と宗教的神秘家の一面を、われわれはみる。それは、ふつうの人びとにもあるだろう。あえて、かれの天才性をあばくために、われわれがかれの神秘の愛を、それが劣人の域をはるかにこえているのを、強調しないですむのは、かれの影の面がかれを形成した誘因であることを知る証拠になり、思想の一面へのてがかりをうることにもなろう。魂の不滅への信念、ダイモンの声などは、この神秘の愛と無関係だとは、けっしていえないからである。

ソクラテスの回心

顔かたちと見なり　「ソクラテス」という名前は「健康な力」という意味である。そのためではないだろうけれども、かれはすごく健康で、精神的にも異常な力をもっていた。それは天性の素質とかれの訓練のたまものである。

すでにのべたアテナイの疫病のときも、かれはぴんぴんしていた。七〇歳になっても、孫のような幼児の父親だったのも、その一例である。体力の強さを実証している。自分みずから節制に心がけ、たんにひとに説いたのではない。だから、かれは求めるところもっともすくなく、しかも生きることがかんたんであった。食べ物はうえをみたすにことたりれば、不平をいわなかった。むしろそれがうまく食べる方法だと語っていた。たべられないとか、まずいなどということは、かれにはなかった。

その衣服も夏冬を通して一枚であった。もちろんりっぱなものではない。しかも、いつもはだしであった。寒い戦場でも、平然とはだしで、氷上を歩いたという。「生まれついての靴屋なかせ」といわれたというがほんとうであろう。アゴラ（市場）のなかを歩いていれば、一目でソクラテスであることがわかったであろう。その特異な身なりだけではなく、顔かたちはそれにもまして全くまれであった。

ソクラテス

ソクラテスの風貌の奇妙さは、巨大な上を向いた鼻にあった。その鼻孔の大きいこととしし鼻である。両眼のあいだは広く、その目はあやしく光っていた。いわば、その顔は醜《みにく》く、グロテスクであった。さらにその歩き方は家鴨《あひる》のようであったという。アルキビアデスは、顔かたちを、酒の神バッカスの従者であるシレノスににているとさえいった。これでは、人はきみわるがって、近よらなかったであろう。ところがそうでないのである。

その容貌の奇妙さが、かれの魅力であったのではない。いちどでも話せば、かれの親しさと明るさがつたわって人を離さない。かれの人間の内面が、人の心をとらえてしまうのである。けだかいつつしみぶかい人がらの象徴である。世間話をしても、その深さ、広さ、誘導のたくみさにおいて抜群であった。しかも、ユーモアにあふれていた。

シレノス

そのうえ、かれは、いくら酒をのんでも、乱れることがなかった。もし乱れたら、それこそわれわれを楽しませてくれる、さらに多くのエピソードを残してくれたであろう。それはわれわれの邪念である。まさか、たぐいまれな巨人のかずかずが手伝って、かれの顔かたちや身なりが、故意に創作されたのではないだろう。この特異性は、しかし、かれの評価を高めこそすれ、マイナスに働いていないのは、ソクラテスの特色、人柄である。

人は四〇歳になったら、自分の顔に責任をもて、とよくいわれる。顔は内面の外面化なのである。心みにくければ、顔またみにくし、というわけである。それなら、ソクラテスは、その容貌の上からは、どう評価されるであろうか。

風貌への評価

ギリシア人の彫刻を見れば、一見してわかるように、かれらは内と外とのつながりをきわめて重視している。それはハルモニア（調和）の精神に発していることはいうまでもない。美しい魂は美しい肉体にやどると、かれらは考え、うけとっている。健全な精神は健康な肉体にやどるのであった。ソクラテスは醜かった。しかしかれの精神は醜かったであろうか。

ギリシア人がソクラテスをことさらに奇異に思うのは自然であった。ソクラテスの顔は美男子でないにもかかわらず、かれの魂は美しかったからである。ギリシア人にとって、美しい魂は美しい肉体につつまれていなければならなかった。ニーチェによれば、ソクラテスは「醜かった最初のヘラス人」であった。かれの考えによれば「醜さはそれ自身」ひとつの「反抗」である。それはギリシア人の間にあってはむしろ「否定」である。その意味でソクラテスは、最初の現代人、すなわちデカダンであったともいえよう。

ニーチェの解釈は鋭い。顔の評価から現代をのぞかせる。反抗はみずからの意志によって顔を醜くし、たんなる調和の美を否定しようとする。ソクラテスは、その顔のみならず、現代に生きていることは否定することはできない。キルケゴールの『イロニーの概念』そのほかによっても明らかである。ともあれ、ソクラテスの風貌への評価からは、ギリシアの作者不明の詩人の言葉「善き人もあるときは卑しく、あるときは貴人なり」などでてこないのである。さらに、ソクラテスは、最小限の物質で自由でなんらのじゃまのはいらない生活をし、いっさいの快楽から身をひき、自制の心を失わなかったから、そのゆがみが顔の醜さに拍車をかけたが、心の美しさを失わせなかったのだ、というようなひとりよがりの評価もでてこない。天性の醜さが魂の醜さを作るものではないことの証拠を、ソクラテスに発見するほうが、自然であろう。

不思議な徴《しるし》

人にはその全性格を象徴するような、くせあるいは傾向がある。それをいえば、その人の名前以上のひびきをもって伝わってくるもののことである。ソクラテスはその代表のように見える。それが「神秘な声」とか「ふしぎなしるし」といわれ、伝えられて、ソクラテスを印象づけているものである。それはたんなる印象ではなくて、かれの本質とかかわっていた。

その「声」はかれの子どものころからかれにつきまとっていた。それは、かれに突然起こるのであった。じつにかれが生きていることの「ふしぎなしるし」なのである。それが後世になってソクラテスの「ダイモン」とか「守護の霊」とよばれるにいたった。プラトンはそれを、ト・ダイモニオン・セーマイオン（ふしぎなしるし）とか、ト・ダイモニオン（ふしぎなもの）とよんでいる。

ソクラテスがこのト・ダイモニオンにとりつかれると、一種の忘我状態になってしまう。それは恍惚境《こうこつきょう》に入ったように見える。そのあいだかれは考えたりなにかを探究しているというのではない。もの思いにふけっている、というよりもむしろ神秘的な体験をしている。それは瞑《めい》想であった。それは、時、所をえらばない。そのとき、ソクラテスをだれがどうしようと、いっこうに通じない。それは、あるときにはながく、ときにはみじかく、かれをおそう。あるときは、ポティダイアの陣中で一昼夜立ちつくしたという。このことは、ソクラテスをとりまくほとんどの人に知られ、公認されていたから、ひとたびソクラテスが忘我の境に入れば、みなはかれをそのままにほっておいたのである。

いったい、そのとき、ソクラテスはなにを体験しているのであろうか。はたのものになにもわかろうはずがない。「神の声」をきいているのであろうか。「神託」をうけているのであろうか。それであれば神の社に行くだろう。そのときかれの心のなかにはなにかが起こっている。それは超自然的な声といってもよい。なんらかの警告がなされている。そのかれの心のなかに発せられた警告を無視するばあいには、よくない結果がかれに起こるのであった。それなら「良心の声」とどこがちがうのか。かれの身に危険が迫っているとき、あるいは悪いことに近づいていこうとしているとき、かれをひきとめるのである。だから、ソクラテスは、ト・ダイモニオンのささやきを、重視し、心からそれにしたがおうとしたのである。その声の指図は、ソクラテス個人だけにかぎられていない。ときには友人たちの行為にもおよんでいる。それは正邪に関係がない。どのばあいも倫理的行為についての指示ではない。テイラーによれば、要するにこれは「凶事」にたいする一種「ぶきみな」嗅覚ともいうべきものであった。ソクラテスは、いつもこの声に忠実であれば、結果が「凶」とでることはない。このかれにおける「ト・ダイモニオンの諭《さと》し」が、ひろく宣伝されて、「新しい神の導入」というレッテルをはられ、やがて告訴される一因になったのを思うと、裁判による死刑は、ソクラテスにおいては「凶」でなかったといわなければならない。

ト・ダイモニオンの実例

ソクラテスには「幻視者」と「忘我・放心」という二つの素質があった。それは迷信とは異質である。むしろ神秘主義的傾向が強い。

しかしそれはかれの賢者とそれをささえる合理性と、さらに哲人のすぐれた一面のあらわれともうけとれるユーモアとむすびついていた。ソクラテスがアガトンの饗宴によばれていく途中、かれは道みち自分の考えごとに気をとられて、歩くのがおくれ、あげくには先に行けと命ずるのであった。かれは隣りの玄関先にひっこんで、そこに立ちつくし、呼んでも動こうとしない。それが、かれの癖で、どこでもかまわず人をさけて立っていることがよくある。そんなとき、ソクラテスには、いつも妙想がうかぶのであった。まもなくソクラテスがアガトンの家にやってきたが、その時アガトンは、隣の玄関先でうかんだに相違ないソクラテスのソポン（妙想）のおしょうばんにあずかることができますようにと期待する。そしてあなたは現に発見してそれをもっておられるのだからという。そうでなければ、その前にそこを立ちさられるはずがないとアガトンは考えたからである。これにたいしてソクラテスは、

「もし知恵というものが、われわれがたがいにふれあっていると、われわれのうちの充ちたもののほうから、からっぽなもののほうへ流れていくようなものであって、ちょうど充ちた盃のほうから羊毛の糸を伝って、からっぽの盃のほうへ流れていく盃の中の水みたいなものなら」

と答えている。

ト・ダイモニオン（ふしぎなもの）の声がかれにとどくのは、そのとどきかたがどのようであったにせよ、神への絶対的信頼のあらわれであろう。しかし、それが、神の声であるにせよ、そうでないにせよ、ソクラテスにとっては、絶対のひびきをもつ声であった。ソクラテスは神がみが人間に留意していてくれるということを、多くの人びとの信ずる仕方とはちがったやりかたで信じていた。多くの人びとは、神がみはあることは知らずにおり、あることは知っていると思う。しかし、ソクラテスは、神がみはわれわれの言葉も行ないも、黙って考えていることも、すべてを知り、あらゆるところにおって、人間のことの一切について人に諭《さと》しを与えると考えていた。

ヘルモゲネスが、ソクラテス、アテナイでは裁判官が、誤った弁論をして、なんら罪のない人を殺し、罪のある者を釈放するのをごらんになりませんか、というと、それはそうだがヘルモゲネス、じじつわたくしも裁判官たちに答える弁明を考えはじめて見たのだが、たちまち「神霊」がこれに反対した、とソクラテスは答えている。

この神霊の反対が、ト・ダイモニオンである。ソクラテスはすなおにそれを守ろうとする。それがどういうふうにしてソクラテスにとどくのか、はっきりしないのであるが、たんなる幻想とか、霊感ではないようである。しかも、かれは親しい者たちにたいしては、次のようにすすめている。どうしてもしなくてはならないことは、自分でこうするのがもっともよいと思う方法でそれを行なうようにすすめ、また、結果がどうなるかわからないものについては、神託所へ人をやって、してよいかどうかをたずねるがよいと。大工、鍛《か》冶《じ》、耕作、監督、これらの仕事の審査、算法、経営、軍隊統率《とうそつ》などの技術は、すべて学べることであり、人知をもってつかめるが、しかしこれらのことの内奥にひそむ一番だいじなことは、神がみが自分たちのところにとどめてにぎっており、ただのどれひとつとして人間には分明ではない、とソクラテスは信じていた。

ト・ダイモニオンへの信頼は、この敬神の念と、神を全知者とする、一種の信仰に根ざしている。幻視とか忘我の境においてかれにとどくお告げは、ふしぎな神の内面性からの神声であり、それをうけとめるには、どうしても、ソクラテスをあのようなすがたにするのであろう。一切を放心したときに、かれはすでに人間ソクラテスではなくなり、ある真実と一つになっているのかも知れないのである。ソクラテスの魂は真実とともにそれだけで働いている、ともうけとれる。それこそ神的な働きといってよいであろう。というのは、ギリシア語のダイモニオンは、「ダイモンの働き」とか「働くもの」を意味しているからである。このダイモニオンはソクラテスの全生涯につきまとって離れない。たしかにソクラテスには宗教的素質があったのである。

宗教的神秘家

宗教は人生の意味とか真実を追求する哲学とならんで、人類と共に生き続けるであろう。といっても、すべての人が自覚した宗教をもっているわけではない。死後の世界を思わない人は一人もいないであろう。墓に埋葬するとき火葬にせよとか、土葬にせよとか、骨粉にして大海に棄ててほしいとか、葬式にはできるだけ花を飾ってくれとか、葬式はしてくれるなとか、いろいろというであろう。それらはすべて気休めであり、夢想にすぎないかもしれないが、しかしそれらは、宗教的心情ではあろう。絶対にどうすることもできない世界とかかわっているからである。ソクラテスはこの絶対とつながることをゆるがせにしない。その方法がかれの神秘性を物語っている。それがかれの独創的天才とつながっている点に特色がある。

　ソクラテスは魂の不死と来世の重要さをかたく信じている。天国と地獄の物語、その空想的神話はこまかなものである。それはたしかに宗教的である。いかなるギリシアの宗教であるか。それがオルフェウス宗教だともされている。プラトンの対話篇のなかでのソクラテスは、しばしばそれをひきあいにだしているからでもあろう。

　人間は神性をやどしている。また人間は堕落している。しかし一定のきよめを

オルフェウス

することによって罪と死から解放される。生は死であり、肉体は魂の墓（ソーマ・セーマ）である。魂は不死で、それがまったくきよめられるまで、人体にやどり、あるいは動物にやどりながら生死の環を循環しなければならない。これがオルフェウスの教義である。神人合一を説くことにおいて、ホメロス的神学といちじるしい対照をなしている。オリュムポスの宗教においては、神は不死であり、人間は死すべきものである。神と人との間は切れている。ギリシアの最高の知恵は、神となることを願うのである。しかしオルフェウス教は人間の神性を教えた。しかも人は神となることができるという。

ソクラテスはこれらを知っていた。かれにこの影響はないという根拠はない。宗教と科学とを最初にむすびつけたのはピュタゴラス派とされているが、この派が南イタリアからギリシアにこれを伝えたとされている。ソクラテスの思想形成に力があったと考えられる。社会的国家的にはペリクレスの精神とその時代から、宗教的にはピュタゴラス・オルフェウス教的世界から、ソクラテスの内面性がつくられつつあったのである。

風　土

われわれはもって生まれた天性のほかは、すべて環境と自分以外のものに刺激されて生きている。ソクラテスといえどもその特殊な例外ではなかった。

かれが生まれた紀元前五世紀のアテナイは、イオニアのミレトスに哲学と科学が生まれてから一世紀あまりをへ、知的な舞台がようやくここに集中化しつつある時代であった。アテナイは政治上、商業上のかなめに位置し、知的好奇心にもえるものは、ペリクレスの黄金時代を顕示するアテナイを目ざしていた。数学の天才ピュタゴラスが、その学理をイオニア地方から南イタリアに伝えたのも、このころであった。東方の文化はようやく西方の土に根をおろしはじめた。

ピュタゴラス

　イオニア地方の星はアテナイの空にもきらめく。天空は一であって二ではない。それを見る角度とそれを反省する方法がちがうだけである。そのちがいは天文学・医学・生物学にもおよびはじめた。それらは経験によらず頭の中で理性だけにうったえて考えるかたむきがあった。しかし、ソクラテスの青年時代には、東方の一元論にたいするに、西方の二元論、多元論、たとえばすべてのものは水からなるにたいして、すべてのものは地水火空気からなるというふうに、対照を示しはじめていた。そうして思索は上昇気流にのるように、発展し「矛盾」ということにすら気づくまでになっていた。「自己矛盾」におちこむことなしに考えられないものは真でありえないという、いうなれば合理的原理から出発する。たとえばエレアの哲学者パルメニデスとその弟子ゼノンが、そうである。

エレアのゼノン

それまで研究の対象であった自然的世界に背をむけるきざしが見えはじめた。アブデラのプロタゴラスは方向転換をもくろんでいた。政治もモラルも急激な変化のなかでは、伝統や習慣だけにたよってはいられない。立法や政治も十分な吟味と、それによる原理の樹立がまたれる時代となっていた。知性は現実的目的のために使用されなければならない。だから金をもらって教える人間の教育者ソフィストも出現する。解説者はすでにこの時代にもいたのである。善とか悪について、徳とか思慮について、わたくしのこと国家のことなどをうまく処理するには、どんな知識を必要とするか。人間につきものの権力と功名への野心をみたすには、これに必要な正確な知識の解説者を必要とする。ソフィストはこれに便乗したといえるだろう。

ヌース（精神）の発見者アナクサゴラスは、ソフィストではなかったが、ペリクレスを教えたという。アナクサゴラスはソクラテスの思想形成に多大の影響を与えたが、かれとてもペリクレスの政敵による「不敬虔」の罪をまぬがれるために、アテナイを去ることをよぎなくされている。プラトンは青年ソクラテスがアテナイを訪れたパルメニデスとゼノンと知りあったとかたく信じている。人間は万物の尺度であるという説を強調したプロタゴラスもペリクレスの側近に加えられている。ソクラテスの人間形成の知的な風土は、このように盛況をきわめていたのである。ソクラテスが若い時からこの自由に根ざし、めばえたヒューマニステックな土壌になれ親しんでいたことは容易に想像できることである。

自然の研究

人間をとりまく自然は、いつの時代でも、われわれの驚異と知的好奇心をゆさぶってきた。そしてわれわれは自然から、はかり知れない恩恵をうけている。若いソクラテスにも、自然は研究に値する対象であった。

ソクラテスは『パイドン』のなかで、それをくわしく語っている。生成や消滅については、その原因を徹底的に問題とすべきである。次にのべる自叙伝ふうの経験は、ソクラテスその人が苦心さんたんしてたどる、自然研究の経路である。

わたしは、若いとき、世の人がヒストリア（自然科学）とよんでいる、あの知恵を求めることに、驚くほど熱心であった。それというのは、個々のものが、なぜに生じ、なぜに滅し、なぜに存在するのか、その原因を知る知恵は、わたしにはすばらしいものに思えたからである。そこでなんども考えたすえ、まずはじめに次のようなことを検討した。すなわちある人たちがいったように、熱くなったり、冷たくなったり、あるいはなにかが腐敗すると、そのときは生物が生ずるのか。わたしが思慮するのは、血液によるのか、空気によるのか、火によるのか、そのどれか。あるいはこれらのどれでもなくて、脳髄が聞いたり見たり臭いだりする感覚をもたらすのか。そしてこれらの感覚から記憶や臆断が生じ記憶や臆断が停止すると、それによって知識が生まれるのか。さらにまた、これらの消滅や天地に関する性状を考察してみて結局わたしの思ったことは、この考察にたいしてわたしは少しも役に立たぬものであり、生まれつき不向きだということであった。そこでわたしはその十分な証拠をのべよう。

わたしは、自分が以前には、はっきり知っていたことも、それは自他ともに許していたわけであるが、そのときの考察のためにすっかり目が見えなくなって、人間が成長する理由やその他多くのことについて、前には知っていると思っていたことまでもわからなくなってしまった。だって、成長は飽食によるということは、前にもまったく明らかなことと思っていた。つまり、食物から肉には肉がつけ加わり、骨には骨が、こうして同じ理窟で、そのほかのもの、それと同類のものがつけ加わわれば、そのとき始めて小さな量のものが後には大きな量のものとなる。このようにして小さな人間は大きくなるのだと思っていた。さらに明らかなことは、一〇は八より多く思われるのは、八に二が加わるからだと思っていた。

ところが、わたしはこれらのどれについても、その原因を知っていると思っているどころではない。ある人が一に一を加えると、一を加えられた一が二になったり、あるいは加えられた一も加わった他方の一も、一方が他方に付加されたから、二になったと、わたしは自分自身に対してどうも承認できない。なぜなら、それらのおのおのが互に離れているとき、実際そのおのおのは一で、そのときは二があるのではない。ところが互いに接近すると、互いに近くに置かれることによって生ずる接近ということが、それらおのおのにとって二になる原因となるなんて不思議でならない。また一を分けると、その分離がこんどは二になる原因であったことも、もう納得《なっとく》がゆかない。なぜなら前のばあいと反対のことが、二になる原因となるからである。つまり前のばあいはお互い近づいていっしょになり、また一方が他方に加えられることがそうであったのに、こんどは反対に一方が他方から離れ分けられることが、そうなのだから。また一が生ずる理由なら知っている、という自信もまだない。要するに、そのほか、どんなことでも、なぜに生じ混合し存在するのか納得できない。しかし、わたし自身では、ほかの方法をかってに考えている。だから、自然学のとく機械的方法だけの道を進むことはけっしてできないのである。

アナクサゴラス

かれは，ヌース（精神・知性）の発見者として名高い。ヌースがいっさいを動かし一つにするという。それまでの哲学者は，地・水・火・風などを万物の根源としていた。

アナクサゴラスとの出会い

人は生涯にいくどか転期に立つものである。ソクラテスにもその曲がり角があった。いま、かれは自然の研究にすなおに身をまかせることができない。かれ独自の道をくらがりのなかにさがし求めようとしている。その途中でかれは、アナクサゴラスが書いたといわれる書物を手にする。

それにはヌース（精神）が万物の原因で万物を秩序だてるとあった。ソクラテスはこの「原因」に気づいてよろこぶ。そしてかれは、「精神が万物の原因である」ということを、ある意味で結構なことだと思う。さらにかれはこの書物を読みすすむにつれて、次にのべるような、いろいろなことに気がつき、やがて独特な世界に到達する動機をつかむ。

ヌースは秩序だてるものとして万物を秩序だて、おのおののものをそれがもっともよくあるように、その所を定めるだろう。そこで人は原因を、個々のものについて、いかに生じたり滅したり存在したりするか、発見しようとするならば、それぞれについて、存在したり、他から働きかけられたり働きかけたりするのに、どういうふうであれば、それらにとってもっともよいかを発見すべきである。

そこでこの論からすると、人がやらなければならないことは、人間自身についても、またほかのものについても、もっともすぐれてよいもの、まさにそのことを考察することだと思う。しかもこれをする人はかならず悪を知らねばならない。というのは、それについてはそれと同じ知識がなければならないからである。こう考えたので、存在するものどもについて、わたしの心にかなった原因を教えてくれる人、アナクサゴラスを見い出すことができたと思い、内心、大いに喜んだのであった。

そこで思うに、かれは、わたしにまず第一に大地が平板か球形かを教え、それから原因と必然とをくわしくのべ、もっともよいもののうちで原因こそそうだという。大地が宇宙の真中にあるというのなら、その最善の理由をくわしく説明してくれるだろう。そしてこのことをわたしに明らかにさえしてくれたら、ほかの種類の原因などはもう求めないことにしよう。さらにまた、太陽についても月やそのほかの星たちについても、またそれら相互の速さや回転やそのほかの性質についても、そのおのおのが、いったい、どのように働きまた働きかけられるのがもっともよいか、同じようにきけるものと期待したのであった。なぜなら、精神によってこれらが秩序だてられている以上、それらが現在あるがままであるのが、もっとも善いのだという以外に、それらにたいしてなにか別の原因をもちこむことは、よもやあるまいと考えたからである。それでそのおのおのに原因をわりあて、そしておのおのにとってもっとも善いものは、すべて共通であり、またすべてに共通なものが、もっとも善いものだと、くわしく説明するだろうと思った。そこで夢中になって書物をとりあげ、もつとも善いものや悪いものをできるだけ早く知ろうとして、大急ぎで読んだのである。

アナクサゴラスとの訣別

なにかを信じこむということはたいしたことである。信じたものと自分との間に距離ができ、それにつれて自分の内面にあって眠っていたものが、よびさまされるからである。ソクラテスは、アナクサゴラスのヌース（精神）を信じ、それを知って喜びもしたが、それがやがて期待に反し、だんだん予期していたものではないことに気づく。ソクラテスの潜在的独自性が頭をだしてくる。このようにして、ソクラテスとアナクサゴラスとは次にのべるような事情で訣別する。

　わたしは希望にかられて、アナクサゴラスの書物を読み進めた。ところが進むにつれて、この人は事物を秩序だてる精神をなんら用いず、また原因ともしないで、空気やエーテルや水やそのほか多くの無意味なものを原因としていることがわかった。それでわたしにはあの人のいうことが、次のようにいうのとまったく同じだと思えた。

　ソクラテスの行なうすべてのことは、精神によって行なうといいながら、次にそれら行動の原因をいうことになるとちがってくる。ここに座っている原因は、わたしの肉体が骨と筋肉とからなり、そして骨のほうは堅くしかも連結されているが、お互いははなれればなれであり、筋肉のほうはそれによってのばしたりちぢめたりできるもので、肉やそれを保つ皮と共に骨をつつんでいる。この骨が自分の穴の中で動いて肉を弛緩《しかん》させ、それによってなにか現にわたしが身体の部分を曲げることができるようにする。だからこの原因によってわたしは脚を曲げて座っているのだという。

　とにかく、こういったものを原因とよぶことは、まったく無意味なことである。もちろん人が、骨や筋肉やそのほかわたしのもっているものを、もたずにはわたしがいいと思っていることも行なうことができないだろうというのなら、それは本当であろう。しかも行なうには精神によってするというのはよいとしても、最善なるものの選択によってするのではないなどということは、たいへん安易な言論である。

本当に原因であるところのものと、それがなくては本当の原因となりえない副原因とは別なものだという区別ができないなどということは、驚いたことである。この副原因、いわば条件にしかすぎないものを、多くの人たちは、あたかも闇の中で手さぐりするように、適当でない名を用いて、それを原因だとよんでいるようにわたしには見える。だから言葉のほんとうの意味でいえば、善と必要とがものを結合したり保持したりする、とは思わないのである。そこでわたしはこういった原因が、いったいどのようなものか、それを教えてくれる人であれば、誰の弟子にでもよろこんでなったであろう。ここでソクラテスはアナクサゴラスと訣別する。かれは自然の研究の道から、ロゴス（言論）と思想の方向へと転換する。そのロゴスの道がプラトン哲学の血脈となる弁証法的ないし問答法的なイデア研究の方向といえるであろう。

苦悶

人には自分でもわからなければ、他人から教えてもらうこともできない問題がある。生まれでる苦悩の時期である。それは人によってながく続いたり短かかったりする。ソクラテスにもこういう時代があった。おそらく三〇代から四〇代にかけてであろう。あるいは二〇代であったかも知れない。せっかくめぐりあい、信じ、期待したアナクサゴラスの精神原因説に失望したかれには、ほんとうの師はいないのであった。それこそ暗中模索をしなければならない。かれは自分自身を師に仕立てあげねばならない。真の原因と副原因の混同を許すわけにはゆかない。ソクラテスはみずからを産婆術にかけねばならない陣痛のときに直面していた。

アポロンの神託

しかし、光の元を直接に求めるのではなく、水あるいはなにかそうしたものにおいて太陽の影を研究しないと、目をやられることがある。日食中の太陽を観察し、研究する人たちがうけるような目にあってはならない。ソクラテスはアナクサゴラスの書物の検討における体験をこのように反省する。目をもって事物のほうを見たり、感覚をもってそれらの事物にふれようとしたりして、魂をすっかり盲目にすることはないか。もしそういうことがあれば、ロゴス（言論）のほうに避難し、ロゴスにおいて事物の真理を研究すべきだと思う。しかしロゴスにおいて事物を考えるものは、実物で考えるものよりも、いっそう影において研究しているわけではない。だからわたしがもっとも堅固だと判断するような、そういうロゴスを仮定しよう。そうしておいて、原因やそのほかすべて「在るもの」について、このロゴスと一致すると思われるもの、これを真実なものと定めよう。そうして一致しないものは、これを真実でないと定めよう。

回　心

われわれは、自分の使命を、自分で発見できないでいるとき、師や友人やふとしたことから、それを自覚させられるものである。アナクサゴラスによって、自分の思想的生命を、真実の探究へとふみきったソクラテスは、人間としての使命を、知らされる生涯の回心の時に立っている。ソクラテスに、人間として、あるいは人類の一人として、なすべき使命を自覚させたのは、デルフォイの神アポロンの証言であった。

ソクラテスの生涯において、回心をもたらしたものは、もちろん、いくつかあったであろう。そのなかで、すくなくとも、三つのことを、はぶくことはできないであろう。その第一は、自然の研究から人間の研究へ、とくにこれだけはかかすことのできないものと、かれに全身的にふるいたたせた、ロゴスによる真実の探究である。第二はこれからのべる、かれが全人類を代表するかのように自覚させられた人間の使命感である。第三は告訴から死刑にいたる、徹底した魂の不死の自覚の問題である。

ソクラテスには、それまでのどの哲学者も考えなかったし、主張もしなかった、かれそのものを象徴する知恵があった。それはたんなる知識ではない。自分みずからを自覚する知恵である。それは自分はなにも知らないということを知っている知恵なのである。知らないことを知っている。ただこれだけのことにすぎない。それがかれの名を不朽ならしめた「無知の知」である。「無知の自覚」なのである。これが、ソクラテスに、カイレポンを通して、伝えられたアポロンの証言にはじまる、人類永遠の「福音」である。

しかし、かれはそれを知らされたとき、驚きの渦のなかにおちた。そのなかからはいだすのに渾身《こんしん》の努力をする。なみたいていの吟味では、かれにもたらされた謎をとくことはできなかった。そこにかれの偉大さがある。心から、それこそすっかり納得《なっとく》するまで、ソクラテスは、ひとにもきき、考えぬき、日夜あかず、それこそ持続的に、自分がアポロンにソフォス（賢者）といわれた秘密をとこうとする。そうして、ただ「知らないということを知っている」にすぎない自分を自覚する。真理は単純なのである。問題はそれに到達するプロセスである。われわれはここにも天才ソクラテスの面目を見なければならない。単純明解な真理とそれをささえる事実への、あくことのない持続的な追求力である。

神託

カイレポンはソクラテスの友人であった。なにをやりだしても熱中する性質をかれはもっている。やせたあお白い人物で、カイレポンは蝙蝠《こうもり》とか夜の子とかいわれていた。アリストファネスなどの喜劇作家たちは、そういってかれを笑いものにした。そのカイレポンがデルフォイの神殿に行って、神託をうけてきたのである。

かれはアポロンの神に、ソクラテスよりもだれか知恵のある者がいるかどうかをたずねた。するとそこの巫女《みこ》は、「かれよりも知恵のある者はだれもいない」と答えた。それを知ったソクラテスは次のように考えたのである。

いったい神はなにを言おうとしているのであろう。なにか謎をかけているのではなかろうか。というのは、自分は知恵のある者ではないということを自覚しているからである。にもかかわらず、神はわたしをいちばん知恵があるという。神は嘘をいうはずがない。嘘をいうなど、神にはあるまじきことだからである。そこでわたしは永い間、神はなにを言おうとしているのであろうか、と思い迷っていた。それから、やっとのことで、なにか次のような仕方で、神の証言の意味を、ためしてみることを思いついた。だれか知恵があると思われている者のなかの一人をたずねてみることである。それでわたしより知恵のある者がいれば、そのときこそわたしより知恵があるといって、神託を反駁《はんばく》できる。それからは、政界の人物を相手に、問答をくりかえしながら、こまかく観察していくうちに、次のような経験をした。

この人は、ほかの多くの人から、知恵のある人物だと思われていた。そしてその当人もそう思いこんでいる。しかし、わたしにはそう見えない。そこで、わたしは、知恵があると思いこんでいるこの人に、実際はそうでないということを、わからせてやろうとつとめた。その結果、わたしは、その男にも、その場にいた多くの人にも、にくまれることになった。

しかし、わたしはひとりになってからよく考えてみて、こういうことがわかった。この男よりわたしのほうが知恵がある。この男もわたしも、なにか善美なことがらはまだなにも知らない。しかし、この男はなにか知っているように思っている。ところが、わたしはなにも知らないから、そのとおりに知らないと思っている。だから、このほんのすこしのところで、知恵のあるなしが、きまるらしい。さらにわたしは、ほかの知恵があると思われている者のところへもいった。しかし、わたしは前と同じ経験をした。それ以来ずっとこのような吟味を続けてきたが、やはり結果は同じであった。多くの知恵のあると思われている者は、知らないのに知っていると思い、わたしは知らないからそのとおりに知らないと思っている。そこで、やはり、神の証言は、否定できないものとなった。

名声

ソクラテスの知恵による知者の吟味はそれからもあくことなく続くのであった。そのつどかれは不評をかい、にくまれもした。それが、むしろかれを有名にさせる一因ともなり、また告訴への道を自らたどる、いうなれば訴えられる因となるような結果にもなるのであった。皮肉な運命である。

しかし、事実は、皮肉でもなければ、運命といってかたづけられもしない。われわれの冷たい現実の投影がある。神を信ずるにせよ、信じないにせよ、神がいったというかたちで、これだけのドラマ、すなわち人生劇を知者の吟味において演じさせる、プラトンの『弁明』は高度である。だがしかし、ソクラテスの人間を見るきびしさには、やはり注目せざるをえない。われわれの身辺には名声をあこがれるやから、金銭への執着《しゅうちゃく》、真実を虫けらのようにふみにじる人で無いような人たち、と数えればきりがない。ソクラテスにしてみれば、無知の自覚は生涯の最大の回心なのである。一説に伝えられるように、デルフォイの神託の内容は、

「ソポクレスは賢い、
エウリピデスはさらに賢い、
しかし、ソクラテスは万人の
なかでもっとも賢い。」

というのであった。かれが人間の吟味に、「無知」と「無知の知」をかみあわせる慧眼《けいがん》を発揮するのも当然であるばかりではなく、どんな人においても忘れてはならない、自己自身への義務だからである。それは、ソクラテスにおいては使命であった。それによる名声は、かれには不本意であり、むしろ迷惑なのである。しかし、あくことなき知を愛する精神は、ソクラテスのなかで燃える石となった。それと共に行動のささえとなった。

かれは悲劇詩人たちのところへも行った。ディオニュソス神の祝祭に用いられる熱狂的な合唱歌とか輪舞の歌を作る人、いわゆるディデュランボスのところへも出かけた。さらにまた、手に技能をもつ人たちのところも訪ねた。これらの人たちは、たしかにソクラテスの知らないことを知っていた。しかし、かれらは同じ誤りをくりかえしていた。技術の面での仕上げがうまくやれるからというので、それぞれそれ以外のたいせつなことがらについても、自分が最高の知者だと考えている。

そうしているうちに、若い者で暇があり、金持の家の者が、なんということなしに、自分たちのほうから、わたしについてきて、世間の人がしらべあげられるのを、おもしろがって傍聴し、たびたび自分たちで、わたしのまねをして、そのために、ほかの人をしらべあげるようなことを、するようにもなった。そのことから、世間には、なにか知っているつもりで、ほんとうは、わずかしか知らないとか、なにも知らないとかいう者が、やたらにたくさんいることを、発見したのである。

すでにかれの名はひろく知られていたらしいが、さらに、これらのことも手伝って、ソクラテスはアテナイばかりではなく、ギリシア全土に、人生の師表にふさわしい知者としての名前が知られるようになった。それと共に、かれは学問をしている者についていわれる、「空中や地下のこと」を調べるとか、逆に「神がみを認めない」とか、「弱論を強弁する」とか、いわれる起因にもなるのである。ときにソクラテスは四〇歳に近いころであった。かれは「自分の魂の世話をすること」をとおして、深く「自分みずからを知ること」こそ、すべての人間の使命である、と自覚した。それが、おそらく、ソクラテスの前半生のピークであり、しかもかれの回心ともいえるであろう。

＊典拠となった対話篇と文献、プラトン『饗宴』、『ソクラテスの弁明』、『パイドン』、クセノフォン『メモラビリア』、A・E・テイラー『ソクラテス』

ソクラテスの後半生

決意

いたずらに時をすごし日をおくり年をかさねることが、人の生きる道ではない。ソクラテスの生涯を、知れば知るほど、われわれはどう生きねばならぬかを、身をもって知らされるのである。おそらく、それは、かれがいつでも死ねるように、生をたえず準備しているからであろう。かれは生と死の意味をよく知っていた。生と死の真実を中心に、善美な生活をおくろうとする。ということは、かれにおいては、いつでも死ぬ決意ができていることを意味する。

こういう人生をおくるには、自分の生の持場を自覚していなければできない。ソクラテスの人生の使命は、プラトンの描く『ソクラテスの弁明』にしるされているように、愛知者として生きることであった。知を愛し求めながら、自分と他人をくわしく調べ確めることにほかならない。この生き方を、死もしくはその他の危険をおそれるために、すてしまうべきではない。もしすてるとすれば、そのときこそ、かれの行動は奇怪至極というべきであろう。そういうときには、いつでも法廷にひきだしてもよい、とかれはいうのである。かれには、デルフォイの神託を、ふみにじることはできない。死をおそれ、賢くないのに賢い顔をしていることになる。それなら、神を信じないことにもなる。死をおそれることは、ソクラテスにおいては、知者でないのに、知者を気どることになるのであった。このようにして、かれの後半生は、人類の使命を生きるともいえる決意にささえられながら、アテナイの牢獄に向かってひたすら生きるかの印象を与える。

出陣

アテナイの風雲は休むひまがない。ソクラテスは、まさにその渦中のなかで生きねばならなかった。戦争はすこしの平和をはさみながら続いていた。かれは三度もその戦いに参加した。だれのために、勇敢と忍耐をささげたのであろう。祖国アテナイのためであった。それをかれは不思議にも思っていない。ポリスあっての個人であり、個人あってのポリスではない。アテナイあってのソクラテスであり、ソクラテスあってのアテナイではない。これが「ポリス的人間の倫理学」であったからである。

かれは紀元前四三二年から四二九年のポティダイアの戦いに参加する。ソクラテス三八歳のころである。

さらに紀元前四二四年のデリオンの戦、紀元前四二二年のアンフィポリスの戦いにも出陣する。ソクラテスは、そのつど、模範的な兵士であった。勇敢にして沈着であった。結果としては人を殺すことにかわりはないのに、誠実に戦うなど、こんな皮肉なことはない。かれがこのようにいった、とも伝えられていないところからみて、人類の悲劇は、かくもながく続いている、の感を深くせざるをえない。

ソクラテスは、いわばかれの弟子でありエロスの対象でもあったアルキビアデスのポティダイアでの負傷を助けている。『ソクラテスの想い出』をしるしたクセノフォンも、デリオンの戦いで落馬したとき、ソクラテスの勇敢な行動によって、生命をひろわれている。戦場において、かれは祖国の危機を救う一念にもえていた。戦争は愛国的戦士を生むが、ソクラテスはその一人であった。しかし、かれはけっして自分の功績を誇ることはなかった。当然なすべきことをしたまでだ、と考えていたのである。

結婚　ソクラテスが結婚したのはおそらく中年であったろう。しかし、そのたしかな年齢はわからない。かれが死刑になったとき、一七歳ないし一八歳ぐらいのラムプロクレスという息子と二人の幼児がいたことになっている。だから、やはり妻クサンチッペといっしょになったのは中年といえるだろう。

妻のクサンチッペは、プラトンの『パイドン』によれば、情愛の深い女性である。クセノフォンも『ソクラテスの想い出』のなかで、悪妻説をとっているわけではない。だから、アレキサンドリアの学者たちが、クサンチッペを、のぞみどおりにならない、口ぎたない気の荒い女のように伝えているのは、ほんとうかどうかわからない。さらに、ソクラテスはもう一人妻をもっていたとか、一度に二人の妻をめとった、とか伝える者もあるが、われわれとしては、プラトンとクセノフォンの言葉を信じたほうが、正しいとされるであろう。

ソクラテスの息子ラムプロクレスが、あるとき母親に腹を立てているのを、ソクラテスは見て、いろいろとさとしてきかせたときがあった。息子はいうのである。

「しかし、あんなひどい性質にはだれだってがまんできません。」ソクラテスはそれに答えた。「お前は野獣の残酷なのと、母親の残酷なのと、どちらががまんしづらいと思うか。」「わたくしは母親のほうだと思います。」

「それならこれまでに、お前にかみついたりけったりしたことがあるのか、野獣にならそうされた人はすでにたくさんあるが。」「それはそうですけれども、世界じゅうのものをもらっても、ききたくないようなことを、いうのですから。」「しかし、お前は、どんなにか小さいときから、いけないことをいったり、いたずらをしたりして、夜となく昼となく母さんに面倒《めんどう》をかけたと思う。どのくらい病気のときに心配をかけたと思う。」

「しかし、わたくしは、母さんをはずかしめるようなことは、なにひとついったことも、したこともありません。」「ではどうなのだね。お前があれのいうことをきいているのは、芝居のなかで、役者がおたがいにひどいことをいいあっているのより、つらいと思うのか。」「しかし、役者は相手が自分を罰する目的で問いつめているのだとも、害を加える目的でどやしつけているのだとも思いませんから、かんたんにがまんできると思います。」「しかし、お前は、母さんのいうのは、なんら悪い気でいうのではなく、そればかりではなく、お前にはほかの人よりも、ずっと善いことがあるようにのぞんでいることを、よく知っているのに、なお腹をたてるのか。それとも、母さんがお前に悪意をもっていると思うのか。」「そんなことは思っていません。」そこでソクラテスはさらにいった。

「それでは、この母さんはお前に好意をもっており、お前が病気になれば、早くなおるように、あらゆる世話をし、なにひとつ不自由をさせまいとつとめ、その上お前にたくさんよいことがあるように、神に願い、がんをかけるのに、それでもお前は冷酷だというのか。もし、こんな母親をがまんできないとしたら、お前は善いことをがまんできないのだと、わたしは思う。お前はだれかほかに、よくつかえなければならない、と思う人があるかどうか、いってごらん。それともお前は、どんな人をも喜ばせまい、将軍であろうと、そのほかの支配者にであろうと、したがうまい、いうこともきくまいと、腹をきめているのかね。」「もちろんそうではありません。」

「お前が火のほしいときに、火をこしらえてもらえたり、善いことには協力者になってもらい、不幸にして失敗したときは、すぐ近くの人から、好意のこもった援助をしてくれるように、隣りの人にもすかれようと思うか。」「そう思います。」

「それから、陸路あるいは船路の旅の道ずれとか、またなにかであう人とか、それが友人となるも、敵となるも、お前にはすこしもかわりがないか。それとも、この人びとの好意をうることも大切だと思うか。」

「大切と思います。」

「しかもなお、これらをこころがけるつもりがありながら、お前をなによりも愛している母親を、大切にする必要がないと思うのか。お前は知らないのか。国家でさえ、そのほかの忘恩は問題にせず、罰も加えず、たとえ恩をうけてこれをかえさぬものがあってもおおめにみるが、もし親を大切にしない者があれば、これには罰を加え、そしてこれをしりぞけて人のうえにたつことを許さないのである。すなわち、こういう人間が犠牲を行なうときは、国家のためを祈る犠牲も神意にかなわず、またそのほかのことがらも、こういう人間が行なうときは、りっぱにも正しくも行なわれないとみるからである。それればかりか、じっさいに亡き親の墓をうやまい祭らぬ者があれば、国家は身元調べにおいて、とり調べるのである。だから、せがれ、もしものの考えがあるなら、すこしでも親を粗末にしたのであったら、神がみに許しをこわなくてはいけない。神がみもお前を恩知らずとお考えになって、お前のためによくしてくださることをおいといになると困る。そうして、また世間の人を用心しなくてはいけない。世間の人が、お前の親をおろそかにすることを知って、お前を軽蔑し、けっきょく友だちのない一人ぼっちにならぬともかぎらない。なぜならば、お前が父母の恩を知らない人間と気づいたら、だれ一人よくしてやって、感謝されると思う者はないであろうからである。」

人間は情欲のために子どもを生む、とはまさかお前は思うまい。とソクラテスは、ラムプロクレスをさとし、さらに次のようにいって、息子の母親へのわだかまりを、やわらげようとする。それは、ソクラテス父子のうるわしい情景を感得させるものである。

親子

情欲を満足させる道は、街路にあふれている。そのための家はいくらでもある。われわれは、どんな女がもっともよい子どもを生むかを考えて、いっしょになって子どもを作る。これは、だれにでも明らかなことなのである。男は自分と協力して、子どもを作る相手をやしなう。やがて生まれるであろう子どものために、生涯の利益となると考える、あらゆる準備をする。しかもそれをできるかぎり多く用意する。女は子を宿し、その重い荷を、苦しい思いをし、生命の危険をおかしながら、になう。そして、自分みずからの栄養となっている滋養をわかつ。あらゆる苦労をして、最後までにない、生み落す。なんの恩義をうけているわけでもないのに、やしない、面倒をみる。

赤子は、だれから恩をうけているのかそのすべを知らない。なにがほしいと知らせる術もない。母親は、赤子のためになること、喜ぶことを、自分で察して、みたしてやろうとつとめる。ながい月日を、昼となく夜となく、骨身をおしまず、養い育てる。どんなお礼をうけるかとも考えさえしない。

親は育てるだけで十分とはしない。子どもがものをならえるようになると、自分らの知っている、人生のためによいことは、これを教える。自分たちより他人のほうが、教えるのにすぐれていると思えば、費用をかけても、その人にならわせる。自分たちの子どもが、できるだけりっぱな良い子になるように、あらゆる努力をつくすのである。

公職

紀元前四一三年、ソクラテスの五七歳のころ、スパルタ軍は、アテナイ国境の城砦デケレアを占領した。ここに全面的な戦争の再開となった。例の「ニキアスの平和」から、この時期にいたる歳月こそ、ソクラテスの一身上最大の危機であった。

そのころ、ソクラテスの弟子アルキビアデスは、シラクサ征服という夢を、自分がアテナイの寵児《ちょうじ》となっているのにまかせて、人びとにふきこんだ。そしてかれは紀元前四一五年には、アテナイ艦隊の総師となっていた。プラトンは、思いあがった態度と酒でふくれあがったアルキビアデスを描いている。ところがまもなく、アルキビアデスとその一党の多くの者が、エレウシスの密儀をからかう、神をけがす行ないをした、と訴えられた。

アテナイには、家ごとに、四角の石柱の上に神さまの顔をつけたものを、立てておく「ヘルマイ」という習慣があった。それが一夜にして破壊された。それがアルキビアデス一党の仕業とされたのである。それによって、アルキビアデスは、裁判をされるため、すぐ召還されることになったが、帰国の途中、かれはスパルタに逃亡した。欠席裁判の結果、かれの罰は極刑となった。

スパルタにのがれたアルキビアデスは、逆にアテナイに矢を向け、祖国への叛逆者となった。かれはスパルタ人に、アッティカ国境に城砦をきずかせたりしたからである。ソクラテスも、弟子の罰にたいして、責任をおうべきである、とのそしりをうけなければならなかったのである。

ところが、アルキビアデスは、祖国への忠誠を誓いはじめ、ゆるされて、紀元前四〇七年、アテナイに帰還した。しかし、ながく祖国にとどまれるはずはなく、ふたたび国外（スパルタ）にのがれた。そのころ、ソクラテスは、はじめて公職につくのである。紀元前四〇六年、ソクラテス六四歳の秋であった。

委員　このときアテナイ艦隊は、アルギヌサイにおいて、スパルタ軍に大勝した。しかし、そのかげには、二五隻の艦船と四千人の犠牲があった。それらは、指揮官の怠慢がなければ、救われたにちがいない、と人びとは信じていた。そこで、指揮官たちは五百人評議会から選ばれた五十人のメンバーによって裁かれることになった。その委員のなかにソクラテスはぞくし、その評決に参加した。そのときの模様は、プラトンの『ソクラテスの弁明』によれば、次のようである。

わたしはこれまで、ほかにいまだかつて公職についたことがない。ただ政務審議会の議員になったことがある。ちょうどわたしの属するアンチオキス区が、執行部になったときに、十人の将軍を、あの海戦で、漂流者を助けなかったというので、一括して裁判にかけることを議決した。しかし、それは、後になって認められたように、違法な措置であった。そのときはしかし、執行部の委員のなかで、わたし一人だけが、反対して、いかなる違法をも行なわせまいとして、投票も反対投票をした。すると議員たちが、わたしをいまにも告発し、逮捕させようとし、諸君もそうしろといって、どなりたてているなかで、わたしは拘禁や死刑を恐れて、正しくない提案をしている諸君の仲間となるよりは、むしろ法律と正義に組して、あらゆる危険をおかさなければならないと思っていたのである。

そしてこれは、まだ国家が民主制のもとにあったころである。しかし、寡頭《かとう》政治が行なわれるようになると、こんどは、例の三十人の委員（クリチアスの独裁制）は、こんな命令をした。わたしをほかの四人といっしょに、かれらの本部へよびだして、サラミスの人レオンを殺すために、サラミスに行って連れてくるようにと。そのときわたしは、言葉によってではなく、行動によって示したのである。わたしには、死はすこしも気にならないが、不正不義はけっして行なわないように、あらゆる注意をはらっているということをである。それで、当時の支配者たちも、あれほど強力なものだったが、わたしをおどかしても、不正を行なわせることができなかったのである。わたくしたちが本部をでてから、ほかの四人は、サラミスへ行って、レオンを連れてきた。そして死刑にした。しかし、わたしは、ひとり家へ帰ってしまったのである。もし、当時の政権が、すぐにくずれなかったら、おそらくわたしは、そのために、殺されているにちがいなかった。

そこで、もしわたしが、公けの仕事についたとする。そして、善い人にふさわしい方法でこれを行ない、正義に力をかし、このことをいちばんたいせつにしたとするならば、おそらくわたしは、この年齢まで生きられなかったであろう。また、ほかのだれだって同じであろう。しかし、わたしは、全生涯をとおして、公人としても、私人としても、この態度を変えない男なのである。

態度

このように、ソクラテスには、いついかなるところで、死を賭けなければならないような事態が起きても、それに対決できる知恵と方法が身についていたのである。死をえらぶか、正義と善をすてるかということになれば、かれはかんぜんとして、死をえらぶであろう。

かれはいつも人間のことだけを問題にし、最善の生き方をさがしていた。敬神とはなにか、不敬とはなにか、美とはなにか、醜とはなにか、正とはなにか、思慮とはなにか、狂とはなにか、勇とはなにか、おくびょうで気の弱いこととはなにか、国家とはなにか、為政者とはなにか、政府とはなにか、統治者とはなにか。おそらく、かれは、これらのことを知り、また行為することもできたであろう。

だから正義に反してまで、民衆の機嫌をとったりはしない。権力者のおどかしにも、驚かなければ、屈服もしない。それで、紀元前四〇四年、アテナイがスパルタに無条件降服をして、スパルタの将軍リュサンドロスの命令のもとに、アテナイに独裁制がしかれたときも、ソクラテスの態度にはなんらの変化も起こらなかった。しかも、でたらめに、人を殺し、財産をもぎとることなど、公然と行なわれるアテナイの政情においてである。紀元前四〇三年、一応、アテナイに民主制が復活したが、それでソクラテスの偉大さが、認められるほどの人間的国家になったわけではなかった。むしろソクラテスは「反逆者を養成する者」というレッテルをはられつつあったのである。そういう人たちのなかには、ソクラテスの友人すらまじっていた。クリチアスとカルミデスである。クリチアスはプラトンの母の従兄弟で、例の「三十人委員」のなかで、いちばん過激な一人であった。カルミデスはプラトンの母の兄弟であった。紀元前四〇三年といえば、ソクラテスは六七歳になり、すでにプラトンは二五歳の青年である。われわれは、ソクラテスの不幸を、またプラトンの心中を思わずにはいられない。

クリチアスはエウテュデモス（ソクラテスの熱心な弟子、プラトンの『エウテュデモス』とは別人）を愛し、誘惑し、かれを利用しようとした。それを見たソクラテスは次のようにいってやめさせようとした。とくべつりっぱな人間と思われたい愛人にたいし、ちょうど乞食が物を乞うように、哀願し懇願《こんがん》して、しかも善くない物を乞うのは、自由人にふさわしくないし、君子人のすべきことではない。しかし、クリチアスは、いっこうにきかず、あらためようともしなかった。そこで、ソクラテスは、そのなかにエウテュデモスもまじっている多勢の者の前で、どうもクリチアスは豚の性《しょう》があるとみえる、豚が石にからだをもってゆくように、あの男はエウテュデモスにすりつけたがる、といった。

それを耳にしたクリチアスはソクラテスをにくんだ。「三十人委員」となったときもそのことをねにもって、法律の中に「言葉の技術を教えるのを禁ず」を入れたほどである。これは、ソクラテスが青年たちと談話することを、禁じられたことにもひとしい。またじじつそうされたのである。

ソクラテスは、「三十人委員」たちが、多くの市民を死刑にし、不法な行為にかりたてているのを見た。かれは沈黙していられない。いつもの毒舌と、ユーモアで攻撃を開始する。牛飼いになった男が、牛の数をへらし、質を低下させておいて、自分がへたな牛飼いであることを認めないとしたら奇妙な話である。しかしもし、国家の指導者になった者が、市民の数をへらし、質を低下させておいて、それで恥とも思わず、また自分がひくいやしい指導者であるとも思わないとしたら、ますます奇妙な話である。

対　話

対話

クリチアスとカリクレスは、ソクラテスをよびだし、さきの法文を示して、若者との対話を禁じてしまった。しかし、それで沈黙するソクラテスではない。「いまの命令について、なにかわからないことがあったら、質問してもよいか。」よろしいといわれたソクラテスは、かれ一流の対話で、相手を追求する。

「わたしはいつでも国法にはしたがおうとしている。しかし知らないためにうっかり法を犯すようなことがあってはいけない。それではっきり君たちから教わっておきたい。君たちがいう、言葉の技術を教えるのを禁ずる、というのは、正しい議論のことをいうのか、それとも正しくない議論のことをいうのか、そのどちらをいうのかね。もし正しい議論のほうをいうのなら、あきらかに正しい議論をさけなくてはならないし、また正しくない議論のほうをいうのなら、あきらかに正しく議論をするようにつとめなければならない。」

するとカリクレスは腹をたてていった。「君にはわかっていないというのなら、もっとわかりのいいようにいってやろう。ソクラテス、青年たちと全然話をするな。」それをうけたソクラテスはみごとにきりかえしていく。たしかにかれは対話の名手である。

「それでは、わたくしが命令されたこと以外のことを、しないようにするために、人間はいくつまでを青年とするのか、その限界をつけてくれ。」「国民会議の五百人の議員になることを許されないあいだをいう。まだ知恵が熟さないからである。とにかく、君は三十歳以下の者と話をしてはいけない。」「なにか買物があるときはどうする。もし商人が三十歳以下であったら、いくらで売るかをきいてもいけないのか。」「そんなことならよろしい。しかし、ソクラテス、君は知りすぎていることでもさかんにたずねるくせがある。そういうことはきくなといっているのである。」

「それなら、わたしが、だれか若い者になにかをきかれても、たとえ知っていても、返事をしてはいけないのだね。たとえば、カリクレスの家はどこでしょうとか、クリチアスはどこにいますかとか。」「そんなことはいい。」とカリクレスがいうと、それにクリチアスが口をはさんでいった。

「しかし、ソクラテス、君は、靴屋のことも、大工のことも、鍛冶屋のことも、いわないようにする必要がある。なぜなら、これらのことは、ぼろぼろにすりきれるくらいまでに、君はこれまでにいってきたことだと思うからである。」「この連中についてでてくる、正義や信念や、そのほかこういった種類のこともいけないのか。」「そうです。」「さらに牛飼いのこともいけない、もしやめないのなら、用心したまえ、君でもってまた牛の数がへるかも知れないから。」

ソクラテスにはすべてがわかった。あの牛の話が、かれらに伝えられて、それをねにもって、クリチアスもカリクレスも、腹をたてていたのである。

告　訴　ソクラテスの真意を、理解するだけではなく、身をもって示すには、たいへんな時代であった。すでにかれですら、青年と話をすることを禁じられている。あの栄光のアテナイは、いまやソクラテスの生命を保証できない情勢になっていた。その栄光はすでになく、もしあるとすれば、ソクラテスを理解し支持する人びとの心のなかにであって、現実のアテナイにはない。すでにのべてきたとおり、このように偉大なソクラテスは、紀元前三九九年に、メレトス、アニュトス、リュコンの三人によって、アテナイの法廷に告訴されるにいたったからである。

その訴状には、次のようにしるされてあった。「ピットス区民、メレトスの子メレトスは、アロペケ区民、ソプロニコスの子ソクラテスを、宣誓して、次の件について告発する。ソクラテスは、国家の定める神がみを認めず、ほかの新しいダイモニア（神・宗教行為）を導入し、また青年を腐敗させたことにより、罪を犯した。告発者は死刑を要求する。」

はたしてそうだったであろうか。もしそうなら、ソクラテスの言葉、行動、信念のすべてが、告発される起因となった、と考えざるをえない。さらに、これまでのべてきたことのすべてが、ソクラテスにおいては、死とむすびついていたのだ、といわざるをえない。奇妙なこととしなければならない。

疑問

この落日のさなかにあるアテナイに生きたソクラテスには、なにもかもわかっていたのかもしれない。にもかかわらずかれは、自分の使命をすてなかったのである。人の生涯が偉大になるかならぬかは、その死において決定されることの最大の証拠を、かれは身をもって示している。しかし、ソクラテスといえども、告発を当然と思っていたのではない。七〇歳の一生をかえりみて、かれにはかれなりの疑問があったのである。その疑問が、かれ一身にとどまらず、われわれの疑問となり、客観性をもつところに、人類の師表となりえた真実がある。

ソクラテスは、自分の言葉が、いつも真実にあふれていると信じていた。技巧や弁舌をろうするようなことはしない。家庭においても、弟子たちとの議論においても、たとえ市場においても、それは同じであった。正道にかなない、真実を語ることを生命とした。

しかし、彼には、ずっと前から提起されている虚偽の、罪や不正を調べあげて公開し、責任を問うことがなされていた。その反ソクラテスの徒は、多くの人たちを、少年のころからてごめにして、いいきかせ、ソクラテスに虚構の罪をおわせようとしていた。ここにソクラテスという賢者があって、思いを天体の現象にひそめ、地下のいっさいの事象を探究し、悪いことも善いこととしてしまう。こういう風説が、すでにひろめられていた。もちろんソクラテスは、そういう人たちを、恐ろしいと思ってきた。当時においては、ソクラテスがいわれたようなことを探究するような者は、神がみを信ずるはずがない、と想像されるからである。

しかも、ソクラテスがとくにとまどったのは、そんなことをだれが吹聴しているのか、わからないことであった。しかも、その数はきわめて多いのである。そのなかには、一人の喜劇作家アリストファネスがいることは、わかっていた。この人は紀元前四二三年に、喜劇『雲』を上演し、そのなかでソクラテスを、風刺していたからである。

それによると、ソクラテスはプロンティステリオン（道場）、いわゆる『思索道場』を主宰していた。そこに多くの弟子を集め、天文、気象、自然現象などについての、経験によらない頭の中で理性だけに訴えて考えることや、文法、韻律学、蚊と蚤《のみ》との生理学だけではなく、無力な議論を有力な議論とする、強弁術を教えていたことになっている。滑稽《こっけい》で危険なソフィストとされた。さらに古い神

喜劇の舞台

がみをすて、その代わりにエーテルとか空気とか雲をあがめる。そして、雨をふらせ、雷を起こすのは、ゼウスではなくて、雲である、と説いていたことにされている。このことも手伝って、ソクラテスはすでに若いころから、奇妙な知名人ともされていたのである。

『ソクラテスの弁明』によれば、かれは自分を告発した者には、二種類あると考えていた。そのひとつは直接の告発者アニュトス一派であり、もう一つはいまのべてきたような、ずっと古くからあったアンチ・ソクラテスの徒である。事情がこのようであれば、ソクラテスには納得できない、疑問だらけであることは当然であった。われわれもかれと共に理解に苦しまざるをえない。

疑問はこれにつきない。ソクラテスが告訴される背景は意外に根深かった。だれかれと区別することなしに問いつめていく、問答と吟味、そのあとにくるあの無知の知の告白。それは最初は知者と自認する者を主としたが、デルフォイの神のあかしをたてようとする、ソクラテスの使命感は、市場で、また町かどで、ところきらわず試みられていたのである。そのつど、ある者は反感をもち、ある者はみずからを恥じたであろう。しかし、いつの時代でもあるように、金銭と名誉と自尊心への執着《しゅうちゃく》は、多くの人のこころのうちにこびりついている。アテナイにおいても、無知を自覚する者よりも、自分の無知を暴露されて、ソクラテスによからぬ思いをいだく者のほうが多かったのである。

それだけではない。かれは知恵を売るソフィストと間違えられさえしたのであった。もちろん、ソクラテスですら、他人を教育する能力をもっているならば、謝礼をうけるのは結構なことだと思っていた。かれはそういうソフィストを知っていた。レオンティノイ人ゴルギアス、ケオス人プロディコス、エリス人ヒッピアスなどである。これらの人は、いずれも自分の好むポリスに行き、そこの青年をとらえ、説得して、報酬を払わせて自分のところにこさせ、その上に感謝させるほどの技量をもっていた。しかし、ソクラテスは、このソフィストたちとは全然ちがう。金をとって一度も教えたことはないし、戦争に参加するために、三度ポリス、アテナイを離れた以外には、一度もほかのポリスにでかけたことはないほどであった。

しかも、それにもかかわらず、アニュトス、メレトス、リュコンの三名は、むしろ右の事情にはげまされるようにして、ソクラテスを告発するにいたったのである。

三人の告発者

ソクラテスは、自分への憎悪と誹謗《ひぼう》が、ませばますほど、それだけかれの言葉と行動と信念とが真実にねざしていることの証拠だと思う。その意味で三人がかれを告発したことは、ソクラテスの全生涯が、真実と正義と勇気と思慮と知恵と徳とイデアにもとるものではなかったことの証明をする機会ともなったのである。

ソクラテスは、メレトスは詩人たちのために、アニュトスは職人たちと政治家たちのために、リュコンは演説家たちのために、またそれらの立場から、かれをにくみ中傷して、告発者となったのだという。メレトスは自尊心を傷つけられた詩人の代表者であった。あまり有名ではない、才能のとぼしい青年悲劇詩人なのである。リュコンも、この事件以外では、あまりよく知られていない政治家、演説家にすぎない。

アニュトスは、金持で、その富によって名望をもつことのできた皮革業者であった。かつて、ソクラテスに、かれの才能のある息子を、学問的修業にむけないで、なぜ皮革業に従事させたのか、と非難された。その主要な告発者アニュトスについて、M・ソバージュ[1]は、大略、次のようにいっている。二三世紀後のわれわれは、とくに彼の謎めいた姿を熱心にせんさくしはじめている。ほかのへぼ詩人のメレトスと弁論家のリュコンは端役にすぎない。アニュトスが、なんらかのいやしい動機をもっていたにしても、たいした害はなかったであろう。かれがメレトスとリュコンの支持を金で買ったとしても、かれの善意を完全に否定することはできない。ソクラテスにたいして個人的にはなにもふくむところはない、とかれは本心から陪審員に断言したのにちがいない。こういう人間は、格別の嫌悪をもって、哲学者たちを重視することはない。アニュトスは実業家であり、富裕で有力で敬虔《けいけん》で善良な愛国者であった。かれはアテナイ社会における自分の役割と責任とを明らかに意識していた。社会は自分を必要とし、国民は自分を大黒柱と仰ぐという自負心から、歴史にのこるとの暗黙の確信をもっている。いつの時代でもこういう人は、いるものである。というのは、アニュトスは特定の階層の代表者というよりも、社会的構造の代表者だからである。アリストファネスには、悪ふざけと底意があった。このアニュトスにはそれがない。まじめな人なのである。かれは、アテナイの精神的な立ち遅れと狭量とを具体的なかたちで示した人物にほかならない。

1) M・ソバージュ『ソクラテス』Micheline Sauvage: Socrates, and the conscience of man. (Men of wisdom) p.39ff)

法廷

この三人の告訴によって、ソクラテスは、かれからすれば、まったくの無実の罪を、アテナイの法廷で、裁かれることになった。しかし、この裁きが、ソクラテスにとって、人類の心のなかに、永遠に生き続けるかどうかの岐路となった。このことを、三人のうちの一人として思いもしなかったであろう。

告訴状は、時のアルコン（執政官）の手で審理された。アルコンはただ訴状が法にかなっているかどうかを調べるにすぎない。事実審理を行なうのは、陪審員である。そしてこの人たちが証拠の調査もする裁判官であった。その人数は五〇〇人であった。それも、その裁判の日に、抽籤《ちゅうせん》によってきまった。買収を警戒したためである。市民が三〇歳になり、国家への債務がなければ、だれでも陪審員になることを希望できたのである。

問題は原告と被告の弁論であったろう。それのいかんによって、裁判官の心証を左右するだけではなく、投票による評決に影響するからである。ソクラテスの場合も、相互に質問し答弁することができ、それがすんでから、無記名投票によって、有罪か無罪かが決められるのであった。刑罪には死刑・名誉刑・財産刑の三つの種類があり、ときには追放にされることもあった。ソクラテスは、そのもっとも重い死刑をかせられたのである。

ソクラテスの弁明

このソクラテスの弁明こそ、かれの真価をいかんなく発揮したものである。そればかりではなく、かれの全生涯の潔白を証明する機会となった。かれにつきまとった疑惑の影が一掃されて、ほんとうのソクラテス像が万人の心にきざみつけられた。良識の人であれば、「良心」の生き写し、ともとれるであろう。

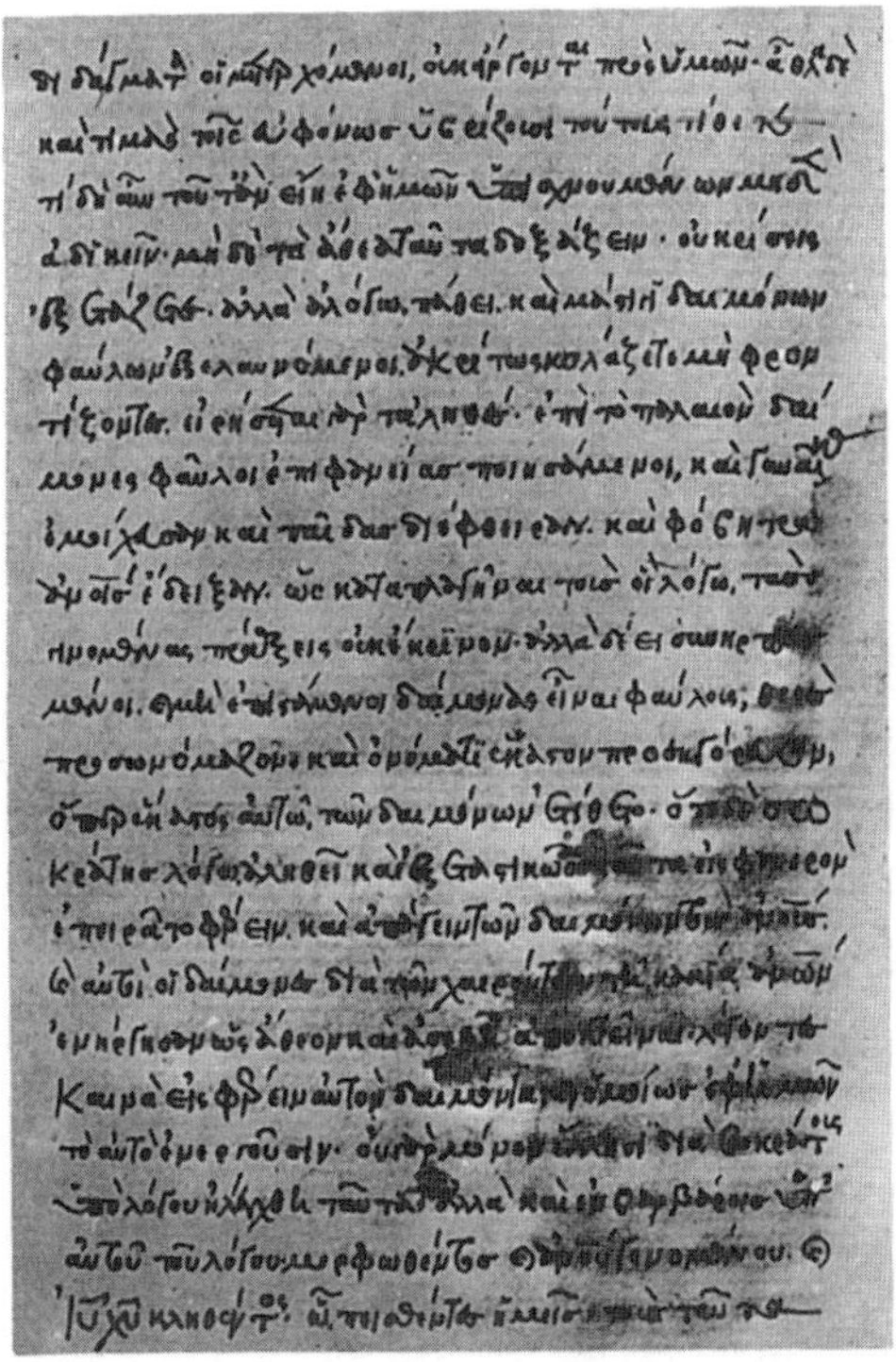

ソクラテスの弁明の写本

「アテナイ人諸君、諸君が、わたくしの告発者の弁論から、はたしていかなる印象をうけたか、それはわたくしにはわからない。しかし、かれらの言葉は、とにかくこのわたくしにはわたくし自身をすら忘れさせるほどであった。かれらの言葉はそれほどの説得力をもっていたのである。それにもかかわらずかれらは、ひとことの真実も語らなかった、といってよいだろう。しかもかれらは、多くの虚言をはいた。そのなかで、とくにわたくしを驚かせたのは、かれらがわたくしを雄弁家とし、そのわたくしにだまされないように諸君は警戒しなければならない、といったことである。なぜなら、わたくしが自分からすこしも雄弁家でないことを示せば、かれらがうそつきであることはすぐにばれてしまうにもかかわらず、それでもなお恥ないでいうとすれば、かれらはもっとも無恥である、とわたくしには見えたからである。」

そのうえにかれらは、わたくしを次のように告発しているのである。ソクラテスは、地下ならびに天上の事象を探究し、悪いことをむりに善いこととし、さらに他人にも教授するがゆえに、不正を行ない無益なことに従事するといわねばならない。

しかし、アテナイ人諸君、こういうことは、まったくわたくしの関知しないことなのである。たしかに、アリストファネスは喜劇『雲』のなかで、ソクラテスという男に、舞台を歩きまわって空中を飛行できるといったり、そのほか、やたらにへんなことをさせている。しかし、これは風刺ととれば、それほどのことはない。だが、メレトスがあんなにも重い罪に問うとは心外である。あきらかにこれは事実無根である。

さらに、そのうえ、かれらは、自分みずからを責めるかわりに、「ソクラテスという、けしからぬことこのうえない男がいる、かれは青年を腐敗させる者である」という。

こういうソクラテスへの非難は、以前から多くの市民の心にもひそんでいたことなのである。すでにのべたように、ソクラテスがデルフォイの神託を自分の使命と感じて、無知の恥を知らせれば知らせるだけ、そのつど反感の徒をつくっていたのである。そういう人は、ソクラテスから問いつめられると、答えをすることができず、そのとまどいをかくすために、ありもしないことをいったり、ソクラテスは青年を堕落《だらく》させるとか、神がみを信じてはならないといったとか強弁する。むしろソクラテスは神意のままに歩きまわって、神の助力者となりながら、無知の徒を自覚させる仕事に、心血をくだいたために、極貧のうちに生活しているのである。いうなれば、それは神への奉仕という、ソクラテスの事業なのであった。かれが「事実無根」とか「心外」というのは当然にすぎる。

そこで、ソクラテスは、青年をまどわし、新しき神の導入、という罪にたいして、敢然と弁明をあえてする。ノアテナイ人諸君、メレトスこそ罪を犯す者である。かれはおごそかなことがらを冗談のたねにする。かるがるしく訴訟事件にまきこみ、特別に真に関心もないのに、そのようによそおっている。

メレトス、青年を善導する者はだれなのか。——国法である。それなら国法を知っている者はだれか。——そこにいる裁判官諸氏である。この人たちに、青年を教育したり善導したりする力があるのか。——もちろんある。全部がそうなのか、一部の者か。——みんなである。ここの聴衆もかれらを善導するのか。——そうである。参政官はどうか。——同じことである。すると、わたくしをのぞいて、アテナイ人のすべてが、かれらを善良にし有徳にするのに、わたくしだけがかれらを腐敗させるのか。——そのとおりである。

君のいうとおりなら、わたくしはとてもみじめな人間である。君は馬の場合も同じだと思うのか。あらゆる人間が馬をよくしつけて、ただ一人だけが悪くするのか。むしろ正反対に、調馬師のように、たった一人の人がしつけて、大多数の者がすればかえって悪くするのではないか。そうなっているではないか。君やアニュトス君が賛成するにしろ反対するにしろ、そうなっている。

もし青年を腐敗させるのがたった一人で、ほかのみんなは善導するのだったら、かれらはさぞ幸福であろう。これでよくわかった。君は青年のことを心配していなかったのである。わたくしを告発したことがらも、なにも心配していなかったそのうかつさも、明らかになった。

さて、もう一ついってくれ。善良な市民と邪悪な市民と、いっしょに住むにはどちらがよいか。悪人は悪事を、善人は善事をするのではないか。――たしかにそうである。それなら、自分のまわりの者から、益をうけるよりも害をうけることを欲する者は世の中にあろうか。――ないにきまっている。それなら、わたくしは青年を故意に腐敗させたり悪い人間にしたりするのか。それともそのつもりがなくてするからなのか。――故意にするからである。それなら、どのようにして、わたしは青年を腐敗させるのか。国家の認める神がみを信じないで、そのかわりにほかの宗教行為を信ずるように、と教えるからなのだろうか。――たしかにそのとおりである。それなら、君のいうことはこういうことなのか。わたくしはある神がみの存在にたいする信仰を教えている。それならわたくしみずから神がみの存在を信じていることになる。無神論者ではない。この点には罪はない。ただ、わたくしの神がみは、国家の定めるものではなく、ほかの神がみであるというのか。それとも、わたしは全体として神を信じないばかりか、そのように教えるというのか。――君は全体として神を信じないのである。驚いた人である。君はわたくしがほかの人びとのようには、ヘリオス（日輪）もセレネ（月輪）も神であることを信じないというのか。——神にかけてそうです。裁判官諸氏よ、ソクラテスは日輪を石と、月輪を土というのだからである。

　親愛なるメレトス君、君はアナクサゴラスを訴えるつもりなのか。わたしがそれほどに神がみの存在を信じないと思うのか。——たしかにあなたはそれを信じていない。メレトス君、君自身にとっても、実際はそうなのだろう。アテナイ人諸君、この人はきわめて高慢でかってきままな人とみえる。この訴状を起草したのも、かれの高慢とかってきままと、青年のでき心のためだと思われる。そしてかれは、ソクラテスは罪のある者である、神がみを信じてもいるし、信じてもいないからだ、といっているようである。しかし、これは冗談でならいえるが、そうでなければいえないことである。

　それならメレトス君、世のなかの人のなかに、人間についての存在は信ずるが、人間の存在は信じないなどという人があろうか。馬の存在を信じないで、馬についての存在を信ずる人があろうか。——一人もいない。神霊の働きは信ずるが、神霊を信じない人があろうか。——一人もいない。それなら、わたくしは、新しいにしろ、古いにしろ、とにかく神霊の働きを信じかつ教える者である。

　ところで、アテナイ人諸君、たしかに多くの人がわたくしに敵意をもっている。もしわたくしがほろぼされるとすれば、これである。それはメレトスでもアニュトスでもない。むしろ多くの人の誹謗《ひぼう》と猜忌《さいき》とである。それは多くの善人をすでにほろぼしてきた。またこれからもほろぼしていくであろう。わたくしがその最後だ、などという心配はない。アテナイ人諸君、人はいかなる位置にあっても、その位置を、どんな危険をおかしても、堅く守るべきであり、恥をかくことにくらべれば、死やそのほかのことは、すこしも念頭においてはならない。わたくしの場合には知を愛し求める者として生き、自分と他人を吟味することを、死ぬことやほかの危険を怖れるために、やめてはならないのである。

このことを知っているのか知らないのか、ともあれ、アニュトスは次のようにいうのである。諸君は最初からソクラテスを法廷にひきだすべきではなかったか、さもなければ、いったんひきだしたからには、だんじてかれを死刑にすべきか、そのどちらかを選ぶべきである。なぜなら、今、かれを放免するならば、諸君の子弟はすぐにかれの教えを実行して、ひとり残らず完全に腐敗することになるだろうからである。もし諸君がこれをうけ入れるにしても、ことわるにしても、さらに次のようにいうにしても、わたくしの覚悟はできている。

ソクラテスよ、わたくしたちは、アニュトスのいうことをきかないで、君を放免しようと思う。しかし、それには、次のような条件がある。君はこれから、あのような知を愛し求めるということだけはしてはならない。もし君がこれからも、そういうことをして、その現場をおさえられたら、君は殺されるであろう。しかし、もしこの条件で、わたくしを放免してくれるにしても、わたくしは諸君にいうだろう。

アテナイ人諸君、わたくしは君たちにたいして、切実な愛情をもっている。しかし、君たちにしたがうよりも、むしろ神にしたがうだろう。そうして、わたしの息のつづくかぎり、またその力のあるかぎり、知を愛し求めることをやめないであろう。また諸君に忠告したり、話しかけたりするだろう。世にたぐいまれな人よ、アテナイという知力においても、武力においても、偉大で知名なポリスの人でありながら、ただできるだけ多くの金銭を自分のものにしたい、というようなことに気をつかっていて、恥とは思わないのか。また名声や地位のことを気にしても、思慮と真実とにおいて、われわれの精神をできるだけすぐれたものにするように気もつかわず、心配もしていないことを、恥しいとは思わないのか。

諸君は、アニュトスのいうことに、したがってもよいし、したがわなくてもよい。またわたくしを、放免してもよいし、放免しなくてもどちらでもよい。いずれにしてもわたくしは、たとえどんなにたびたび死の運命におびやかされても、けっしてわたくしの行動を変えることはないであろう。アテナイ人諸君、よくじっくりときいていただきたい。これまで説明してきたようなこのわたくしを、死刑にするならば、諸君はわたくしよりもむしろ諸君自身を害することになるだろう。もちろんメレトスやアニュトスは、わたくしを死刑にすることも、追放にすることも、公民権をうばうこともできるであろう。しかし、これらのことは、かれらには禍《わざわい》と思われるだろうが、わたくしはそうは思わない。むしろ、正義に反して人を死刑にしようとたくらむことのほうが、大きな禍なのである。だから、このわたくしの弁明は、むしろ諸君のための弁明である。わたくしを処刑する結果、諸君に神から与えられた賜物を、諸君みずからけがし犯すことのないようにするためである。もしわたくしを処刑したならば、諸君はふたたびわたくしのような人間を見つけだすことは容易ではないにちがいない。

判決

この人類史上いまだかってないソクラテスの弁明によって、かれの精神と行動が罪に値しないことが、いかんなく証明されたにもかかわらず、ついにかれは死刑の判決をうけなければならなかった。

投票が行なわれた。それをしたのは五〇〇人の裁判官である。その結果三十票の差でソクラテスの有罪が決定した。そこでメレトスは死刑を要求した。ソクラテスはプリュタネイオン[1]を提起した。

それともソクラテスは禍を承知のうえで、投獄の罪をきるべきであるか、罰金の刑にふくすべきであるか。獄吏の奴隷となって生きのびるソクラテスではない。罰金を払うとしても、かれにはその金がない。それなら追放の刑を提案すべきであるか。

おそらく人はこういうかも知れない。ソクラテスよ、君はここをたちのいて沈黙し静かな生活を送れないものか。だがそれは神命にそむくことにほかならない。じっとしていることもできない。むしろ、人間にとって最大に善いことは、徳その他のことについて、くる日もくる日も談論し、問答しながら自分と他人を吟味することなのである。ソクラテスにとって、魂の探究と無知の吟味と知を愛し求めることのない生活は、人間の生きる生活ではなかったのである。

ソクラテスは一文なしであった。しかし、かれは罰金刑は、なんの害もおよぼさない、という理由で認めた。そこでかれは銀一ムナの課金を申しでた。ところが弟子たちはそれを心配し、プラトン、クリトン、ク

1) 参政官などの集会所で、外国の使節、国家に功労のあった人、たとえば凱旋《がいせん》将軍とかオリュムピア競技の勝者などを国費で食事させること。

アクラガスの硬貨

アテナイの４ドラクマ硬貨

リトブロス、アポロドロスは罰金三〇ムナをソクラテスにすすめ、かれらがその保証人となるといった。そこでソクラテスもそれを申しでたのであった。

それから第二回目の投票が行なわれた。その差はさらにひらき、三六〇対一四〇となった。ついにソクラテスは死刑と決定した。

最後の弁明

ソクラテスの生命に許された活動の時間はもういくばくもない。死を眼前にしたかれは、なにを考え、なにをいいたかったであろう。与えられた死と向かいあって、自分の心に準備し、いいきかせることは、かれにおいてはなにもなかった。ソクラテスの人生は、いつ死んでもいいように生きることであったからである。

むしろ、かれには、多くのアテナイ人と、死刑を宣告した裁判官と、無罪に投票した人たちに、いいたいことがあった。「アテナイ人諸君、あなたがたは、ながくもない年月の辛抱がたらないために、アテナイの悪口をいおうとする人びとから、賢人ソクラテスを死刑にした、という汚名をえ、とがめられるであろう。もっともこれはわたくしに死刑を宣告した人たちだけにいうのである。わたくしがこうなったのは、言葉の不足からではない。意図の不足である。あなたがたが聴いて喜ぶようなことをいって、諸君の心を動かそうとしなかったからである。厚顔と無恥がなかったからである。死をのがれる方法は、ほかにいくらでもあった。死をのがれることはむずかしくはない。むしろ悪をのがれることのほうが、はるかに困難なのである。このようにして、今、わたくしは諸君から死の罪をきせられて、ここをでていく。しかし、諸君は真実から凶悪と不正の罪をおわされている。これで諸君の行く先がなにごともないと思うなら、それはまちがっている。人を殺したという不正を黙って見すごす人はいない。かならず世のだれかが非難する。それをとめられると思うなら、それこそまちがっている。むしろ他人をおさえつけるよりも、できるだけ善い人になろうとするほうが、はるかにりっぱだし、もっともたやすい。

しかしわたくしに無罪の投票をしてくれた諸君とは、もうしばらく話をしたい。この裁判にのぞむにさいして、不吉なきざしがあるときには、いつもわたくしに予言めいた警告を発するダイモン（神）の声が、こんどはなにもささやかなかった。それは、わたくしが、こうなって死ぬことを、悪いこととされない証拠なのである。死は一種の幸福である。その希望は、つぎにのべる二つのうちの一つでなければならない。死ぬことはまったくの虚無に帰することを意味する。死者はどんなことについても、なんらの感覚ももたない。死ぬことは死はこの世からあの世への魂の転居であるか。もし死はすべての感覚のなくなることであり、夢もみないあの眠りと同じものであるならば、それは驚くばかりの利得といえるであろう。そのとき永遠はただの一夜よりもながくは見えまい。そしてその死者の世界では、死刑にされるようなこともなく、ずっといつまでも不死であろう。

さて、このように、わたくしは、告発者にも、有罪を宣告した人たちにも、いきどおりや悪意をいだいてはいない。しかも、かれらにたのんでおきたいことがある。諸君、いつかわたくしの息子たちが大きくなったときには、かれらを、わたくしがあなたがたをくるしめたと同じように、くるしめてやってほしい。かれらが、自分自身を善くすることよりも、金をためることや、ほかのことに心をうばわれているようであったら、また人間らしくもないのに、そういう顔をしたら、人間の求むべきものを求めず、なんの価値もないのに、ひとかどの人間のように思っているといって、かれらの欠点をとがめてやってくれたまえ。そうすれば、そのときこそ、わたくしも息子たちも、諸君から正しいあつかいをうけたことになるでしょう。

しかしもう去るべき時がきた。わたくしは死ぬために、諸君はこれから生きるために。もっともわれわれのうちのどちらが、いっそうよいことになるか、それはだれにもわからない。それは神だけが知っている。」

訣別

この判決の日から、そして最後の弁明をしてから、ソクラテスは、すでに初めにのべたように、約一ケ月の間、牢獄のなかで生きていた。そのあいだは、家族や友人や弟子たちとの対話に、かれの最後の心血をしぼったのである。おくすることも、迷うことも、乱れることも、深く沈みこんでしまうことも、なかった。沈着にして冷静そのものであった。友人、弟子たちの、ひっきりなしの逃亡のすすめにたいしても、がんとして応じなかった。しかしそれは、あきらめと観念した姿ではない。その最大の理由は、無実の罪と、人間としての限界の極北に生きえた自信と、魂の不死と、愛知の精神とである、といえるだろう。

るソクラテス

死ぬまでのかれの言葉と行動は、だれにもまねのできない、思いもよらないことの連続であった。それらは巧みな言葉ではない。わざとらしい行動でもない。深く広く人の心のなかにしみこみ、人の胸奥にくいこむものであった。それを耳にし見た人びとは、苦しい考えをすることもなく、またとくべつに創造力を働かせなくとも、ソクラテスの言葉と行動を想い起こすだ

歴史に生き

けで、みずからをささえるのに、十分にしてあまりあるものであった。

　そればかりではない。ソクラテス以後の全人類の思想と行動は、かれを典型にしてすこしもまちがいでないことを、教えてくれている。人をして「歴史の眼」にさせるかいなかは、その人の死の実相にかかっている。「歴史の眼」とは、いつの時代においても、全人類の行動を見つめ批判するだけではなく、一つの鏡でもあり、一つの目標でもあるからである。紀元前三九九年、ソクラテスはアテナイの牢獄に消えた。しかし、その日から、かれは「歴史の眼」となったといえるであろう。

ここで人はイエス＝キリストを想うかも知れない。しかし、まだキリストは誕生していない。かれは東方の人である。その人が生まれる四世紀も前に、すでに西方の人が存在した。歴史はめぐり、やがてこの西方と東方の人は、ヨーロッパ人の「心」となる。そしてかれらは「人類の心」ともなる。しかしその「心」の内実は異光を放っている。われわれはそれをさぐるために、「ソクラテスの思想」をのべなければならないのであるが、その思想形成ときり離すことのできない「ソフィスト」を、まずみておかなければならない。

ソクラテスの死は、その同時代人との一応の訣別にすぎず、それは全人類との邂逅《かいこう》となったのである。

＊　典拠となった文献、『ソクラテスの弁明』、クセノフォン『メモラビリア』、Diogenes Laertius, II. A・E・テイラー『ソクラテス』、M・ソバージュ『ソクラテス』

ソクラテスとソフィスト

展望

紀元前六世紀、はじめてギリシアに根をおろし芽ばえた哲学は、自然哲学であったが、それから一世紀をへたソクラテスにおいて、その内容を一変しつつあった。その媒介の役目をはたしたと考えられるのが、ソフィストの活動なのである。

ソフィストについては、いろいろなことがいわれている。「徳の教師」とか、「知恵を売る者」とか、「弁論家」とか、「詭弁《きべん》をろうする者」とか、さまざまである。ソフィストは「知者」である、とされるのは、よいほうで、むしろ「悪名」のほうが高い。評判のよくない人の別名となっていたかの印象が強いのである。しかし、評判になるということは、それだけかれらが有名人であったといってよい。現代の言葉でいえば、オリジナルな人ではなく、「解説者」といえるかも知れない。しかし有名な「解説をこととする人」である。それなら、なぜソフィストは、「悪名」「有名」のいずれをもきせられることになったのであろうか。ソフィストの位置は、ギリシア哲学の歴史において、けっして無視しえない高さにあることを、最初に注意しておかなければならない。そのだれでも知っている実例は、アブデラの人プロタゴラスの「万物の尺度は人間である」に示されている。

ギリシアの植民地イオニアのミレトスに、哲学の光を最初にかかげたタレスからソフィスト登場までの哲学は、自然の研究が主であった。それは「自然哲学」であった。人間そのものに疑問をむけることは、きわめてまれであった。人間をつつみ驚異させる環境としての自然にかんする合理的考察が、哲学の仕事であった。人と人とが話しあって、それぞれの内面を見つめあうことはすくなかった。質問し討論することが、自分の心を変化させることには、まだ気がつかなかったのである。もし対話をしていたとすれば、なにもいわない自然とのそれである。したがって、自然を通して疑問を解いていた。自分のいろいろな驚きやうたがいは、自然に還元しなければ納得できなかった。タレスのように「万物の根源は水である」ということによって、心のわだかまりをときほごしていたのである。この方法は「地水火風が万物の根源である」といってもかわりはない。宇宙とか眼のとどくところのものを、すじ道をたててわかりやすく説明することが哲学の仕事であった。もちろん「説明」をこととしていたのではない。心の迷いと乱れを、ある一定の方法をもってすれば、しずめおちつかせることができる、

タレス

という点に知らず知らず気づいていたのである。それが自然を媒介にしなければできなかった。光は自然からきたのであって、人間の心がそれに和したといえよう。いうなれば自然のロゴス（ことわり、理）が、人間のロゴスの役目をはたしていたのである。

ところが、ソフィストは自然への眼を人間に向けはじめたのである。それに自然についてのロゴスが大きな力となった。つまり、自然を研究するということは、逆に人間が自然という鏡に写しだされることだったのである。だから、自然を追求する方法を人間の観察に用いることができないことはない。そのことにソフィストは自覚的に気づいたとはいえないだろう。しかし、そうできる背景がすでにできていた。かれらはそれを利用できる知恵をもっていた。いうなれば、歴史の必然ともいえるような、転換の時点にかれらは立たされていたとも考えられる。ソフィスト以前の人たちが自然と話をするときに使った武器を人間の研究にきりかえる「わざ」をかれらはもつにいたったのである。

自然のほんとうのすがたがわかるということは、そこに自分が写しだされるからである。つまり、アナロギア（類比）の術がなければ、自然のすがたはわからない。自然の研究は、自然物の比較だけではなく、なぜそれらがちがっているか、その根源はなにか、がわからなければできない。それは同時に自然と人間のアナロギアであり、それによって自然だけが明らかにされるのではなくて、すこしずつ人間がわかりかけていた。そのわかりかけたころに、ソクラテスとソフィストは位置することになったのである。ソフィストは人間と人間のアナロギアに、かれらの特別なテクネー（術）を発揮しはじめたのである。それがロゴーン・テクネー（言葉の技術）なのである。ロゴーン・テクネーは、ソフィスト以前には、おそらくなかったであろう。

自然の合理的探究には、まだロゴーン・テクネーを必要としない。「合理的」ということは、「自然のすじ道」ではあっても、「言葉のすじ道」ではない。これは人間に対応する自然のばあいには、とくに必要ではなかった。自然は直接に返答しないからである。しかし、人間のばあいにはすぐに反応し返答がある。そこにテクネーの入りこむ余地があった。ソフィストは人間の研究に「言葉の技術」を用いはじめたのである。その点において、かれら以前の哲学と区別できるのである。しかしそれが、はたして人間の研究といえるかいなかは問題であろう。とにかく、人間が関心の的になったことはあきらかである。その関心は、かれらの生きた時代と密接にむすびついている。ソフィストも、たぶんに時代の子という色彩をおびているのである。

活動の舞台

ソフィストが活動した時期は、紀元前五〇〇年ごろから四〇年の間とされている。そのあいだに、どんな人たちがソフィストといわれたかを、はっきりあげることは、たいへんむずかしい。しかし、とくにソクラテスとつながりのあった人は、ほぼわかっている。プロタゴラス、ゴルギアス、プロディコス、ヒッピアス、エウエノスなどである。

この人たちは、プラトンの『ソクラテスの弁明』のなかで、ソクラテスその人の口から実在していることが認められている。さらにプラトンには『プロタゴラス』『ゴルギアス』などの対話篇があり、かずかずのソクラテスとの問答のありさまが、ことこまかに描かれている。

この人たちは、ひとつの場所に定住しないで、あちらこちらと教えて歩いた。徳について、弁論について、レトリック（弁論術）について、さらにエリスティケー（問答競技）すら教授したといわれている。そして、その教授料をうけとったのである。こんなところから、知識を売り物にする、という悪名も起こったのかも知れない。さすがに、高名なプロタゴラスは、お金をとるにはとったが、そのとりかたがきたなくなかったという。しかし、ゴルギアスなどは相当な金をとったらしい。だからソフィストに教えてもらえるのは、名門の金持の息子たちであった。こういう青年は、地位と名誉を求めるにしても、その家柄だけでは、すでに獲得できない時代であった。ペロポネソス戦争の始まる前のアテナイは、民主政治のさなかにあり、自由の空気にみなぎっていた。それは、たとえ生まれはよくなくても、その知識と弁論の巧みさによって、ペリクレスのような人物になれる可能性をもっていた。すべての青年は知識欲と支配欲と栄達の欲にとりつかれていたといえないにしても、ソフィストは、その風潮に便乗したのである。かつてアリストファネスはその喜劇『雲』のなかで、ソクラテスをすらソフィストに仕立てあげる時代でもあった。しかし、ソクラテスは金をとって教えたことは一度もなく、一群のソフィストとは完全にちがっていたのである。

特色

徳は教えられるかいなか、を中心の問題にしたプラトンの『プロタゴラス』は、ソフィストの特色を、それもその全般にわたってかなり明確に伝えている。

プロタゴラスは、すぐれた人物であるとともに、ほかの人をもすぐれた人にすることができたといわれている。そこに教授の術を心得た姿が見られる。それは説得と弁論の術によるものであった。ほかのソフィストはこの技術をかくしていた。しかしプロタゴラスは、ギリシア人に公然と自分を宣伝した。自分はソフィストであると宣言し、さらに教育をし徳を教えることができるという。そして、それによって報酬をうけることを要求した最初の人であった。

アテナイの一青年で国家有数の人物になろうとしているヒッポクラテスは、そのプロタゴラスに教わりたい一心にソクラテスにかれのところへ連れていってもらおうとする。そんなとき、ソクラテスは、あの人に金をはらってよくたのめば、君だって知者にしてくれる、といっている。紀元前四三三年ごろ、ソクラテスは三七歳、プロタゴラスはすでに高齢であったが、その当時のすべての人は、かれをロゴス（言論）にかけては第一人者といっている。そしてソフィストとは「賢いことがらを知っている人」なのである。さらにソフィストは「人を言論にすぐれた者にする知識をもっている者」なのであった。したがって、ソフィストは、人に知識をさずけるそのことにすぐれている者なのである。

一方、ソクラテスは、ヒッポクラテスにこういっている。ソフィストとは、魂の食糧となるものを商品として、おろし売りしたり、小売りしたりする者のように見える。ソクラテスはソフィストの性格を見ぬいていたのである。この言葉がプロタゴラスを訪ねるときにはかれたのをみると、かれはプロタゴラスを完全にソフィストとしてあつかっていることがわかる。それだけではなく、心から信頼していない。プロタゴラスのところには、エリスのヒッピアスや、キオス島のプロヂコス、その他の知者もいることだから、その人たちの助言も求めよう、といっているからである。すでにソクラテスは、ソフィスト以上のなにかをもっていた。やがてかれはプロタゴラスをはじめソフィストたちを、返答に窮するところまで追いこみ、かれの主張を認めさせてしまうのである。もちろんプロタゴラスも、ソクラテスの優秀性を心から認め敬服もした。

しかし、プロタゴラスともなれば、一流の知恵者である。かれみずからこういうのである。わたしはどこの国といわず訪ねていって、そこのもっとも優秀な青年たちを説得し、土地のものであれ、年長であれ、年下であれ、それらの人との交際をやめさせ、自分につくようにさせる。そして自分といっしょになればもっともすぐれた人間になれると信じこませる。しかし、こんなことをする者は、よくよく注意しなければいけない。ねたみをまねくばかりではなく、敵対心をあおり陰謀を企てられもする。しかし、ソフィストの技術は、昔からあったが、それをこととした者は、この技術がまねくにくしみをおそれて、そしらぬ仮面をかぶってやっていた。たとえば、そのなかには、ホメロス、ヘシオドスなどがいる。

このように、プロタゴラスは、にくめない大家のふうぼうをしている。かれを先生にすれば、その日に以前よりりっぱな人間になり、一日ますごとに、よい方向へと進歩するというのである。ソクラテスは、なににについてすぐれた人間になり、どういう方向にむかって進歩するのか、と問題にする。家庭をととのえ、国家や公共のことについては、それらを論ずるにつけ、行なうにつけ、もっとも有能で有力な者となる道を、うまくはかれるようになる、とプロタゴラスは答えている。それは、国家や公共のための技術、また国家や公共のすぐれたメンバーとしての人間をつくる、ということで、つまるところ「徳の問題」となるのである。

ロゴーン・テクネー
（言論の術）

ソフィストは、しかし、徳とはなにか、というその本質を問題にし、追求し、それを教えるのではなかった。かれらの巧みな話し方や、教え方、つまりレトリックとかエリスチケーが、かれの功績なのである。

あることを話すにも、短かくも長くもできる。「もしあなたがそうしたいのなら」とか「もしあなたにそう思われるのなら」という前提から、なにが結果するかは、鋭い心と眼をもっていれば、すぐにわかる。悪くいえば、徳についても、ある人にはこうであり、ある人にはああであっても、ようするにその相手をそう思いこませてしまえばよい。客観性、だれが考えてもそうなる、という真実を無視してもかまわない。ソクラテスがソフィストから、こういう点を学びとらないはずはないのである。真実を忘れて、テクネー（術）にめざとくなる、業師《わざし》になりさがることが、哲学の精神にもとることを、ソクラテスはだれよりもよく知っていた。

だから、プロタゴラスが、教育のもっとも重要な部分は、詩句について才能をもつこと、などといいながら、すぐれた人間で「ある」ことと、すぐれた人間に「なる」こととの区別を、しないこと、またできないことを、ソクラテスはすぐに見破ってしまうのである。「なる」と「ある」との区別は、単純なようで複雑であること、言葉は短かいがゆえにかんたんではないこと、たとえば「分をこえてはならない」とか、「なんじ自身を知れ」などは、それぞれの人がそれぞれかってに、そう思いそう考える、そのことが真実だとはいいきれないものをもっている。そう思いこませれば、それでよい、などとソクラテスには断じていえないのである。それは無知にほかならない。その人がそう思いこむことは、あるときにはまちがった考えをもち、誤りをおかすことになるかもしれないからである。したがって、ソフィストは、知恵を身につける術、知識を獲得する術を教えたかもしれないが、知恵そのもの、知識そのものを教えることはなかった。かれらは「そのもの」、すなわち、「それ以外ではありえないもの」を求めたかどうかは、きわめてあやしいからである。この点に、ソクラテスとソフィストとのたいへんなちがいがあった。

もっといえば、ソクラテスは、いわゆる教えるということはしなかったであろう。自覚させることはあっても、「与えること」はしなかったといえよう。愛知の精神は、与え、もらうことではない。それはなにかを「移転すること」ではない。もし「転換」ということがあるとすれば、心のそれであるから、厳密には「回心」ということになろう。問題はその方法であるが、「言論の術」にぞくするものではあっても、ディアレクチケー（弁証法）とか、「産婆術」（後述）というもので、ソフィストのテクネーとは区別されなければならない。レトリックやエリスティケーとはちがうのである。

その時代の哲学

ソクラテスにとって、ソフィストたちは、思想と行動のえがたい試練の場を提供してくれたといってよい。ソフィストの語源である「ソフィステス」は、「知恵のよくはたらく人」「知恵のはたらきをよくしてくれる人」であった。ソクラテスも、それをソフィストたちに認めなかったわけではない。かれはソフィストに「ソフィステス」をすなわち「教えてくれる人」「かしこくしてくれる人」を見たであろう。しかしソクラテスは、そこに「おそろしい知恵」を見てしまったのであった。なにを教え、どういう点でかしこいか、を吟味せずにはいられない人は、最後までソフィストについていくことはできないであろう。ソクラテスも、その内容の点で、あるいはその方法の点で、ソフィストとたもとをわかたねばならなかった。

さらにこの時代には、エムペドクレス、アナクサゴラス、レウキッポス、デモクリトスなどのすぐれた自然哲学者たちが出現した。これらの人はイオニア以来の自然哲学の伝統にぞくしている。その意味でソフィストとも系統がちがっている。むしろソフィストはちがうことにおいて生きがいを感じていたかもしれない。かれらには宇宙や自然のことよりも、人間のことのほうが問題であった。なぜ問題になったかといえば、ソフィストは時代の要求に鋭敏であり、さらにすでにのべたように[1]、自然の研究に結果する学的必然をとらえたからである。役にたつものへの関心は、人間の生活につきものである。ソフィストにとって、知識や弁論は役に立つものである。それらを教えて金をとることは、教える者にも教わる者にもプラスである。

1) 本節の「展望」を参照、自然の研究の方法は、人間の研究への方向を内在していた、とみる立場。

かれらはそう考えていた。しかし、ソクラテスにとっては、ソフィストの身につけていたそういう「生活の知恵」は、必要でなかったようである。

ソクラテスには、うまく生きることも、国家や社会のなかで頭角をあらわし、有用な地位につくことも、関心の中心ではない。だからソフィストの関心のまとは、ソクラテスにおいてはそっくり逆になる。しかし、ソフィストが同時代人でもある自然哲学者の道をたどらなかった理由を、ソクラテスはすっかり無視するわけにはゆかない。ソフィストがソフィステスになったのは偶然ではない。人を教えるにも、弁論の巧者になるにも、ただ声を大にし、人の前に立てばよいのではない。ソフィストは自然の研究への先人と同時代人の汗と血と創造の努力を、ある程度ふまえたのである。それは自然への眼を人間に向けた学的動機と、人間を扱う術としての方法のなかにあらわれている。ソクラテスの慧眼は、それらを見逃がさなかったところにある。それなら彼はなにをとらえたのであろうか。

イオニア以来の表現の形式は「寸言」であった。それは生きた流動する言葉ではない。自然哲学者たちは、宇宙や自然を「対話」「問答」「弁論」によって表現したのではない。人間は「寸言」でとらえられないことはないが、言葉をもって行動する生きた人間をとらえるには不便であり不利である。それに、「寸言」では「問答」を不可能にするかもしれない。自然への関心が人間への関心に移るにつれて、それに適応した言葉がさそいだされたといえるだろう。ソクラテスはソフィストの人間への注目と、言論の術の発見とに着眼したのである。それによって、さらにソクラテスはソフィストとはちがった視点で自然学者をとらえることができた。かれは若いときアナクサゴラスに関心をもったが、予期に反し期待がそがれたことも手伝って、自然の研究から身をひいたのであった。それは「普遍」、たとえばイデアとかソクラテスのいう魂の「不滅」などをどのように考えているかということにつながるものであった。それからソクラテスはもっぱら人間の研究を通して「普遍」の発見へと向かうことになる。

それには、たしかに「デルフォイの神託」などの、ソクラテス的必然性[1]、ともいえるものが支配している。それがカイレポンによってソフィストにもたらされずソクラテスにもたらされたことが問題である。神がソクラテスほどの賢者はないといったからだときめてしまえばかんたんにすぎる。神がソフィストの弁論術に失望したのだろうか。知者でないのに知者と自称する人たちが多くなったゆえであろうか。それとも、神を信頼するソクラテスの独創をめだたないようにする、かれの知恵でもあったろうか。ともあれ、アテナイは知者を求めていたであろう。やはり、ソクラテスに人間吟味の使命感を自覚させる、神以外の現実があったろう。もしアポロンの神の意志が、ソクラテスにほんとうの人間の伝達を生涯の使命として与えたいのだとすれば、神の意志とソクラテスの意志をむすびつける現実があったのでなければならない。ソフィストが知者の代表とされるような風潮と、急変しつつある国家の状況とに、なくてはならない人間を、多くの人も神も求めていたのであろうか。もしそれならソクラテスが無実の罪で死刑になるはずもなかろう。

1) 「死命の思想」をさす。どんなことがあっても、「無知の知」の吟味をやめず、知を愛し求めることを使命とする人生観、哲学。それらを死にかえても悔いない、ソクラテスの存在理由。それがあらゆる人間に共通していえることから、一つの思想といえよう。

これらの推定は、ソクラテスが、ソフィストとも、自然哲学者ともちがった、新しい哲学をうみだす背景となっている。ソクラテスは、学の伝統の変革と、人間の変革と、これらをつつむ国家の変革などの三つの要求を、かれの哲学のなかにつつみこまなければならなかった。

国法にはしたがわなければならない。しかしその運用としたがいかたには、裁判官、被告、民衆のいずれの側にも、おのずから多様性と限界があるはずである。人間は無知の知から知者になり、魂の変革、回心をへて、それの不滅が信じられるような精神を形成しなければ、ほんとうには救われない。学の伝統は多様の統一をめざし、普遍をめざすべきことを暗示している。これらの課題をとくためには、まず人間そのものの追求をはじめなければならない。おそらくこういうことが、ソクラテスに、自然の研究からも、ソフィストからも、訣別しなければならない理由を与えたのであろう。

＊ 典拠となった文献、プラトン『プロタゴラス』、Mario Untersteiner: The Sophists. Blackwell 1954.

ソクラテスの弟子

無限にして唯一　ソクラテスの精神上の弟子《でし》は無数に存在するといえるだろう。哲学をしようとした者は、数かぎりなくかれの洗礼をうけたにちがいない。そのほか無数の人が、回心の動機を彼の『弁明』からえたであろう。かれは時代と人と場所をこえて生き続けてきた。これからも、おそらく人類が存在するかぎり、多くの心をとらえて離さないであろう。

ソクラテスは魂は不滅であるといった。たしかに、かれの精神はなんらかの形でわれわれのなかに生きている。そしてかれは語られる哲人というよりも、むしろ行動へとかりたてる師表である。かれは教えないで教える。人になにかを強制はしない。かれにどういうかたちにせよふれたことのある人は、一度は自分を反省し、できることならかれの精神の実現に徹しようとするだろう。しかし、かれをこえることのできた人は、なん人あったろう。おそらく一人もいなかったかも知れない。弟子とは師の影をふまずに師を追い越す人であろう。師以上になってはじめて真の弟子である。その意味ですべての人はソクラテスの弟子ではない。しかし、このなかで唯一の例外がある。それがプラトンであるといえるであろう。

プラトン

もしプラトンがいなかったら、このソクラテスは一つの語り草にしかならなかったかもしれない。一冊の書物も残さなかったソクラテスは、プラトンによって、今日のソクラテスの偉大を獲得した。もし唯一にして最大の弟子をあげるとすればプラトン以外にはない。

プラトン

ソクラテスとの関係において、プラトンをどのようにほめたたえても、ほめすぎることはない。それはプラトンがアテナイの名門貴族の出であったからではない。かれが多くのソクラテス的対話篇を残したからだけではない。ソクラテスの精神を伝え、彼がいかなる人物であったかを、われわれに疑問をもたせないほど完璧に描きつくしたからである。

プラトンはソクラテスの回心第一号の弟子であった。クリトンはソクラテスの親友である。最初政治家を志したプラトンを哲学に志向させたのはソクラテスその人の刑死である。芸術の天分に恵まれ、詩人の素質があふれるほどのプラトンが、なにかを考え、なにかを書くとすれば、ソクラテスのほかにはなかったであろう。ソクラテスが死んだとき、プラトンは二八歳であった。おそらくこのころのプラトンの胸中は、ソクラテスをどのようにしたら、確実に、しかも誠実に、表現しつくせるか、と日夜全身をふりしぼったに相違ない。このような点からいえば、ソクラテスあってのプラトンであり、プラトンあってのソクラテスだからである。二人の関係は師と弟子との模範といえるであろう。

われわれはプラトンの対話篇を読むとき、かれの芸術的天分がギリシア文字のなかに、ソクラテスという媒介者をえて、いかんなく発揮されているのを感ずる。もしソクラテスとの邂逅《かいこう》がプラトンになかったら、どうなっていたかを、われわれがうたがう必要はない。ソクラテスがアテナイの牢獄で毒杯を仰いだとき、プラトンはそばにいなかったではないかと、詮索《せんさく》する必要もない。ソクラテスの四大福音書といわれている『ソクラテスの弁明』と『パイドン』と『饗宴《きょうえん》』と『クリトン』を読みさえすれば、それだけでプラトンの真価と、ソクラテスとのつながりが、どんなものであったかは明白である。

もしソクラテスが一〇〇歳まで生きて書物も書き残し、プラトンが六〇歳近くなったら、二人の関係も、プラトンの叙述も、相当に変化したかもわからない、と想像するのも無意味なことであろう。われわれはプラトンとソクラテスとの溝を掘ることをいっさいやめるべきである。事実、これまでのわれわれのソクラテスの像は、ほとんどプラトンに依存しているからである。したがって、ヨーロッパ哲学史における「ソクラテス問題」にとらわれることもないと思う。

プラトン初期の哲学はすべてソクラテスの遺産である、と見ることもできるであろう。その継承の問題は、意地の悪い眼で見ないかぎり、またプラトンの資質をうたがわないかぎり起こってこないといえよう。プラトン中期から晩年の思想にしても、ピュタゴラスの数論のプラトンへの影響が強烈であったにしても、彼は完全にソクラテスの影響をぬぐい去ったとはいえないであろう。ただ彼の晩年における政治活動とその挫折は、明らかにソクラテスと異なっている。プラトンの完全な理想主義は、ソクラテスの影響によるものである。そのイデア論を頂点とする壮大華麗な哲学体系も、ソクラテスあっての賜物であろう。彼の哲学の方法の根幹をなす弁証法も、ソクラテスの対話術の遺産である。かくして、プラトンは、西欧精神史における第一の牙城、すなわち「イデアの王国」を築くことができたのである。それにたいするニーチュの批判や、ハイデッガーのきびしい追求があるにしても、また一つの完成は崩壊の運命をさけられないにしても、彼の哲学史における位置は、すこしもゆるがないであろう。プラトン哲学の生命は、「書かれない哲学」としての詩と、断定しない探究の可能性をいつも残している点で、まさに「哲学の未来像」を先取していた。

だからこそ、プラトニズムとなって、イデアリスムス（理想主義）の典型を、われわれにいまだに啓示できるのである。

小ソクラテス派

プラトンはソクラテスの弟子のなかでは別格であった。かれはあまりにも偉大なために、ほかの弟子たちの影がうすい。それもあって、プラトン以外の弟子に値する人を、はっきりあげることはむずかしい。はじめにのべたように、ソクラテスが死んだときには、そのそばにかなりたくさんの人がつきそっていた。そのなかには『パイドン』にも、クセノフォンの『メモラビリア』のなかにも登場するアンチステネスという人物がいた。この人は「キュニコス」派[1]の開祖とされ、ソクラテスの直系の弟子に数えられている。

アンチステネスは紀元前四四四年にアラナイに生まれ、三八六年ごろ死んだとされている。クセノフォンは『メモラビリア』を書くために、この人からいろいろ教わったといわれている。たしかに『メモラビリア』のなかには、アンチステネスについて、つぎのようにいっているところがある。それは、友人の値うちに関する吟味《ぎんみ》について、ソクラテスとアンチステネスとのあいだで行なわれた対話の一節である。

アンチステネス

アンチステネス、奴隷に値段があるように、友人にもそれぞれの値段があるだろうか。―あります。そのなかには、いくら払っても、それこそ全財産をかたむけても、友人になってもらいたい人がいます。―それなら、もしそうだとすれば、自分が友人にたいしてどれだけの値打があるか、自分をよく吟味し、できるだけ高値であるようにつとめなければならない。そして友人が自分を裏切ることのすくないようにすることがたいせつである。

1）　いわゆる犬儒派。アンチステネスの学問所の名前からそうよばれるのか、この派の人が犬のような生活をしたためであるか、はっきりしていない。

ソクラテスは友人の選びかたについて、これはアンチステネスにいったのではないが、食物と酒と性欲と睡眠と怠惰とをコントロールできる人を選ぶべきだといっている。さらに『メモラビリア』には、ソクラテスがアンチステネスはけっしてわたくしのそばを離れない、とのべているところがある。これらのことからみて、アンチステネスはソクラテスの弟子であることに、ほぼまちがいはない。しかし、いつも離れずにいたからといって、それだけで弟子の資格があるわけではない。師の思想の流れをくみ、それをなんらかの意味で、実現しているのでなければ弟子とはいえない。

小ソクラテス派には、このアンチステネスのほかに、シノペのディオゲネス（紀元前四〇四—三二三）とクラテス（—二六八）があげられている。それぞれ伝説の多い人たちである。

忍耐と自由意志

アンチステネスにとっては、かれ自身以外になにも必要としなかった。だから、自分にまつわる付属物がなければ、あるいはこだわらなければこだわらないだけそれだけ人間としても高度なのである。ソクラテスは、あらゆることについて、たとえば国家とか家について、できるだけそのものにこだわり、その属性に気をもまないことにした。アンチステネスはその点でソクラテスに通じている。心の平静をたもつには、いっさいの障害に耐えられなければならない。それには、そうなれるように、自分を訓練していなければ、できない。たとえば、空腹、渇き、寒冷、酷暑、疲労などが、なんでもないことのように、ならなければならない。いっさいの苦痛がくるしみでなくなることである。ということは、自分の心においてか、肉体においてか、ともかくそれだけで充足できることを意味する。それは自己充足の思想ともいえる。

安楽と慰安の極度に稀薄な生活を、あえてする。もしこれがほんとうに行なわれれば、他人がいてもいなくても、いっこうに気にならない。しかし、どうも、アンチステネスは、自分にたいする珍奇の眼を、あざけり皮肉ったらしい。ソクラテスの高度なイロニーは、小ソクラテス派になると、落ち目である。ほかの人を風刺するのは、上品でなければできないが、嘲笑はソクラテス的イロニーに反するであろう。

ディオゲネスには家がなかった。かれはみずから家をもちたくなかったのかも知れない。かれにはきかえる着物もなかった。もちろんかれは裸足である。それは無所有にちかい。雨がふればディオゲネスは樽《たる》のなかにいた。それも死者を埋葬するに使ったものらしい。しかし、一日も一刻も早く死ぬように準備したのではない。現代流にいえば自由がほしかったのである。それもなにになにからとか、なになにへの自由というように、外的な条件がみたされることによってえられる自由ではない。ひたすら内的なものを求めている。なにものにもそくばくされない意志そのものの自由といえるだろう。それにしてもかれは死ぬまでは生きていたのであるから、食べ物は、おそらく他人からもらったのであろう。それなら乞食の自由ではないか。

このあたりは問題である。キリストも物を乞うた。それは、神の意志が人を介して、喜捨《きしゃ》となった。だから、特定の人からほどこしをうけたのではない。神の贈り物である。はたしてディオゲネスのばあいはどうであったか。あのアレクサンドロス大王との有名な話がある。

あなたがかの有名なシノペのディオゲネスか。―いかにもそうである。あなたのほしいものはなんでもやりたいが、どうかいってみてくれないか。―とくにほしいものはない。それよりもわたくしの自由な思索とひなたぼっこの邪魔をしないでほしい。わたしの太陽の邪魔をしないでくれ。というディオゲネスに大王は完敗したに等しい。

これらのことは、どこまでほんとうか、わからない。伝説は作為と真相あいなかばしている。われわれは、こんなことに、こだわらなくともよい。重要なことは、いつの場合でもそうだが、真意をくみとることである。ディオゲネスは、忍耐と自由意志のどちらもすてなかった。何に耐え、何を欲すべきかを知り、その通りに実行した。真実と行為とを、いつも直線で結んだといえるだろう。ほしいときにほしいものが手に入れば、それで自由なのではない。欲望がすぐみたされれば自由なのではなくて、厳しい訓練と忍耐をへなければ手に入らない、あるいは意識されない、それがディオゲネスの自由であったといえるだろう。

関心と無関心

ソクラテスは関心をもつべきものとそうでないものとを、はっきり自覚し、それを正直に行動面にもあらわし、対話のなかでもいつわらなかった。彼の弟子たちも、このことについては、恩師を裏切らなかったようである。

ソクラテスの最大の関心は、いつもあり、したがってほろびることのない「真実」であったろう。プラトンのばあいは、真実そのものとしてのイデアであろう。アンティステネスにおいては、「意識の自由」ではないか。ディオゲネスのばあいは、一種の「自己充足」ではないだろうか。

ソクラテスからディオゲネスまですこしずつ内容の変化が見られる。ソクラテス・プラトンのばあいは、内と外との区別を問題にすることなく、普遍的真実に向かったようである。しかし、アンチステネスとディオゲネスになると、外はそのままどう変わろうと無関心といったふうがある。無関心でいられる自由がほしいのである。もちろん、国家とか社会への関心を断念しあきらめてしまったのではない。しかし、そういう傾向がまったくないとはいえない。要するに、関心のもちかたがちがうのである。

ソクラテスは断乎としてアテナイにふみとどまった。プラトンは晩年の政治的関心をのぞいて、またその自然哲学をのぞいて、恩師ソクラテスの完全な精神を生き、著作も師にささげるほどであった。しかし、アンチステネス、ディオゲネスになると、ポリスの制約を自分から否定し、あちらこちらとさまようことをなんとも思わず、いうなれば大海にのりだしても、意識の自由と自己の充足を求める、といったふうがある。

われわれはこれらの弟子と限りない精神的な子弟とを生みだしたソクラテスの思想を吟味することにしよう。

＊　典拠となった文献、プラトン『ソクラテスの弁明』、『パイドン』、クセノフォン『メモラビリア』

Ⅱ　ソクラテスの思想

アポロンの使徒

思想の芽

一般に思想とは、心に思い浮かんだこと、考えをさしている。それは、生活の中に生まれ、その生活、行動を支配する、ものの見方である。思考作用の結果生じた意識内容も思想である。したがって思想は変化の可能性をはらんでいる。

しかしこれらは思想の意味にすぎない。思想の源泉は問われていない。どこからかやってくる思想については、なにもふれていない。しかし、ソクラテスの思想は、そのことから考えなければならない。どこからかやってくる思想についてである。ソクラテスには思想の出所があった。かれのうちにそとから入りこむようにして生まれたのである。動機はそとにあった。もちろん、内面的な自覚が熟していた。種子がまかれれば芽生えるまでになっていた。だから、ソクラテスの場合、思想であるか、「使命」であるかは、一つの問題といえるであろう。

一般に使命とは、与えられた任務のことである。使いとして命ぜられたなんらかの用向きをもっている。使いの役目をもつ、どこからかつかわされた使者の思想である。ソクラテスには、そういうかれに課せられた任務があった。かれの思想は天職ともいえる。その天職は死ぬべきいのちとむすびついていた。かれの思想は「死命」なのであった。死と生命との交換をよぎなくされる、いやそれでもなおかつもちつづけるべきものであった。死ぬか生きるかのせとぎわを歩まねばならぬ、死命に通ずる天職がソクラテスの思想なのである。そして、やがてかれの思想は万人の自己と現実の中で生きて働く。

だから、かれの思想は、たんなる心だけの、考えの上だけの、言葉としてのそれではない。行動の思想である。天職ともいえる使命をおびている。それは「死命の思想」である。それは、「アポロン」からソクラテスに啓示されたともいえるであろう。だから彼にどこからかたんに「やってきた」のではない。アポロンは、なにを思想として、彼におくり、ソクラテスはその使徒としていかなる使命をおびたか、プラトンやクセノフォンの証言をてがかりにまずそれをさぐって見なければならない。

思想の生成

ソクラテスの思想は、「死命の思想」である。彼の生命との交換なしにはもちつづけられなかったからである。だから、典型的な「行動の思想」でもある。しかもそれは永遠に生き続けるものをもっている。かれは戦場に三度おもむいたが、そのときでもダイモンの声をきいた。それは思索の続行を意味し思想の生成を指している。このようにして生成したかれの思想は、この世からあの世へ、またギリシアから全世界へと波及する運命をもつにいたった。

たしかにソクラテスの身体は死んで動かなくなった。しかしその魂は彼の思想をのせて、永遠の運動に参加した。彼が魂の不滅を信じたからばかりではなく、今日まで多くの人の精神をとらえ、これからも啓発していくだろうからである。それほどの思想が、アポロンという神によって、ソクラテスの自覚をうながしたとすれば、奇妙である。しかしほんとうなのであった。しかも、アポロン神は永遠であり、その永遠な神が彼の思想形成のモチーフとなったから、永遠に生き続けるというのではない。もしそうだとすれば、アポロンとその言葉を彼に伝えたカイレポンをほめなければならない。カイレポンこそ永遠の人となるはずである。さらに、デルフォイの神殿に掲げられていたとされている、ソロンの言葉「汝自身を知れ」をソクラテス以上に評価しなければならない。またタレスが言ったと伝えられる「自分自身を知ることはもっともむずかしい」を想起しなければならない。

思想形成の出発点は、その動機にあることはいうまでもない。しかし、「動機」は「契機」にすぎないことを忘れてはならない。「ソクラテス以上の賢者はいない」という言葉も、「汝自身を知れ」という言葉も、その当時の多くの人に知られていたはずである。にもかかわらず、それらがソクラテスにおいて、またかれを通して現実化したことを重視しなければならない。ソクラテスの健康すぎる素質と、使命をうけとめ持続する「死命感」と、なによりも哲学の本質への覚醒を見逃すわけにはいかない。そうでなければ、かれの思想といわれる「無知の知」「産婆術」「永遠なるもの」などは誕生するはずがないだろう。

たしかに、「ダイモン」の声をききとどける神経は、異常であった。それがたんに異常に終始しなかったところがかれの特色なのである。だからといって、神は永遠であり、その神の言葉を実現した者も永遠となる、と誰がきめられよう。神と人とはちがうのであり、「神人」はあっても、また「人神」はあっても、それらは内容において神をささえとする一種の「たとえ」にすぎない。ソクラテスはそのような人であっても「神」ではない。しかし、ソクラテスの思想は、永遠との同化におちついていくように展開されるのである。それは「ほんとうの人」において可能になったのであり、「神そのもの」においてなのではない。普通にいえば、ソクラテスは、哲学の独創的な「新人」であったのであり、しかもこの新人は「まことの道」に達し、「完全なモラルを身につけた人」に近いのである。だからといってかれは、「くそまじめな」「おもしろくない」人ではなかった。アイロニーをもち、ユーモラスな哲人であった。それゆえにみずから死を招かざるをえないような、そういう「死命の思想」家ともなったのである。

思想の運命

思想の運命を予言することはできても、断定することはできないであろう。「断定」は嘘の始ともいえるからである。ソクラテスは思想を予言したといえよう。しかし、かれは断言の形で予言したのではない。それは主張であり、強調である。すくなくとも、ソクラテスが思想をもつことは、それだけ危険をはらむことであり、それを知りながらも行動することであるから、死の運命にあえて突入することであろう。

したがって、この意味では、だれでも思想をもてるわけではない。しかしそれは死の危険にさらされるからだとすれば、その危険にさらすものとはなにであり、だれであるかは問題である。それとも、思想とは、その時代の特定の人にしかわからず、したがって敵を作り、究極的には歴史の眼にしか判断を下せないものであろうか。もしそうなら、思想家はいつの時代でも、悲劇的生涯をたどる、といわなければならない。それはおかしなことである。人類はそれほど無知ではあるまい。しかし、ソクラテスの思想が、二千数百年をへた今日でも、われわれの胸中をえぐり精神をゆすぶるのは、その証拠ともいえよう。

ともあれ、ソクラテスの思想は、時代の制約を破り、時代をこえたものであった。国法は永遠ではない。人と時代と要求に応じて変化し、じじつそうなってきた。にもかかわらず、ソクラテスはアテナイの国法を破らなかった。かれの思想は、アテナイの法律にふれわしたが、それを結果として破ることなくあの時代をこえたのである。だから、思想の運命は、伝統の中に消えても、人の心のなかでは生きるのである。ソクラテス自身は、それを『弁明』の中で強調し、また『パイドン』の中で魂の不死というかたちで表現したが、それはほんとうの思想は死なない、生き続けるのだということなのである。

わたくしは虻《あぶ》である

思想は雷光のごとく落下し、その人に住みつくこともあろう。ソクラテスの思想の芽生えは、それほど電光石火ではなかったようである。あのペロポネソス戦争という、国家の運命と個人の死がいっしょになって、日毎に変転する激動の時代に、ソクラテスも多くの人も、精神のささえを求めていた。

哲学は自然哲学とソフィストの実利的人間学の二流を形成しつつあり、そのいずれにもソクラテスは満足できなかったに相違ない。だからソクラテスは自然哲学への関心から人間学へのそれの方向をたどり始め、まずソフィストに挑戦したといってよい。その挑戦を深めソフィストの方法がわかればわかるほど、かれはすでにある哲学への不満を知らねばならず、さらに政治家の腐敗堕落《だらく》を痛感せざるをえなかったのだと思われる。ソクラテスには根源的痛覚（痛みと安らぎの感覚）がすでに働いていたのである。

宗教的伝統と神への信頼の深いアテナイとアテナイ人において、神がみはこの憂慮すべき状況をいかに判断しているかは、多くの人の知りたいところであったろう。ソクラテスをよく知りつくしている、しかも直情型のカイレポンが、神託をうかがうのは、ごく自然なことであったかも知れない。戦乱と腐敗の巷《ちまた》に出現し、人びとを覚醒させる巨人を使者として遣《つか》わそうと、アテナイの守護神のアポロンは、かねがね念願し、その到来の時期をうかがっていたとも想像できるのである。アポロンはソクラテスに要請を発する時期をうかがっていたともとれるであろう。

カイレポンの神への質問は、アテナイにソクラテス以上の知者はいない、という神託となった。それをきいたソクラテスは、ものすごいショックをうける。神の言葉は絶対である。もし嘘であればまことにおかしなことになる。しかし、ソクラテスにしてみれば、自分のことであり、そのまうのみにすることはできない。ここにソクラテスの自己吟味と知者の確認の遍歴《へんれき》が開始されることになった。ソクラテスはまず自分自身を知らねばならない。それには、他人との問答をへて、自分の内面と他者の内面をあばかねばならない。黙ってひとりで考えこむことは自家撞着《どうちゃく》に落ち込むことを、ソクラテスはだれよりもよく知っていた。自分自身を知る方法は、自分を他人という鏡に照らしてみることである。それは対話をし、問答をし、自分と他人をエレンコス（吟味）することである。

そのことによって、ソクラテスは一つの確信をえた。それは「自分は虻なのだ」ということであった。アテナイを馬にたとえれば、ソクラテスはそれにうるさくつきまとう虻である。「あぶ」は「はえ」より大きな昆虫であり、人や牛馬などの血を吸うことは人の知るとおりである。やがてたたき落されるかもしれず、あぶとても常に死の運命にさらされている。虻はそれを知らない。しかし、ソクラテスはそれを知りながら、まといついて離れないのである。神の使者だからであった。

しかし虻はただ血を吸って生きのびるのではなく、人の眠りを醒ますのである。そのようにソクラテスもアテナイとアテナイ人の無知を自覚させ、惰眠をむさぼることを戒め、真人間にたちかえるように警告を発するのである。そこでソクラテスは『弁明』の中で自分を虻にたとえたのである。だから、ソクラテスは、虻としての自分が死ぬか、人間が死ぬかは、はっきり知っていた。虻は死んでも、思想をもった魂は死なない。

さらにソクラテスは「シビレエイ」にたとえられている。かれは海にいるひらたいシビレエイのように、問答をしたりいっしょに考えたりするものをしびれさせる。実際ソクラテスに問いつめられると、心がしびれ、なにも答えられなくなり、無知をさらけだすというのであった。このようにして、ソクラテスはアポロンの使徒としてアテナイに登場し、どのような迫害にあっても、死ぬまでも虻とシビレエイの役を果そうとする。そこに、彼独自の「無知の知」という「新哲学」への道がひらかれるにいたるのである。

無知の知

なんじ自身を知れ　ソクラテスの一回的運命の自覚は、かれの生涯にしかれた直線のレールのようなものであった。カントが地上の道徳律と天空の星を美しいと直観したときのように、あるいはデカルトがコギトの理論「われ思う、ゆえにわれあり」を発見したときのように、「なんじ自身を知れ」はソクラテスの全身をつらぬいたであろう。

それからのソクラテスの道は死のゴールへと一直線に走るようである。そこにはいろいろな障害が待ちぶせている。「新人の道」は外も内も問題にあふれている。精神と自己と現実との危険なレールをたどらなければならない。たとえアポロンの使徒ソクラテスであっても、かれは人間である。まず自己を救済してかからなければならない。その点でシラーの義務が天性、モラルが自然になっているようなそういう美しい人が、この場合のソクラテスではない。かれは誰に対しても直接に救済するようなことはしない。食にうえている人を助けたとか、死にひんする者を救った、などという伝説はない。人間を救うということは「間接的救済」がふさわしいと判断されているようである。徹底して自分を、あるいは他人を自覚というロゴスによる覚醒へとうながす、しかしロゴスにめざめるということには言葉による一定のすじ道をたどりながら、人間に共通ななにかを知ることである。それは人間に普遍的な、いわば、すべての人に通ずる一種の「精神」あるいは思想を発見することなのである。それにはまず自らを知らねばならない。みずからを知るということは、自分の個性を自覚するとか、性格をはあくするというのではなくて、人間すべてに納得してもらうことのできる「人間」そのものを知ることなのである。それは自分にこだわるというのではない。自分にこだわれば、名誉も地位も財産も、未練となるだろう。もし自我を知りたいのであれば「欲望」のなんであるかを知ればよいであろう。その意味でソクラテスの問題にした「なんじ自身」の「自身」すなわち「自己」は、ヘーゲルのいうガイスト「精神」に通じている、といえるかもしれない。エレンコス「吟味」と「問答」の必要は、これにいたる一つのすじみちだといえよう。

　自己を知ることは他者を知ることであり、他者を知ることは自己を知ることである、といわれるように、この「知る」ということは、誰にでも説明できるエピステーメー「知識」の段階に一歩高まることを意味し

「なんじ自身を知れ」

ている。だからそれへの通路として「問答」という吟味の方法が重視され、それによって「普遍」をめざすともいえるわけである。それがさらに「帰納」というプロセスをへて「定義」に達すると考えてよいだろう。ここにすべての人間に共通する「人間」そのものというイデア(かたち、すがた)の現身《うつせみ》がえられるのである。

象徴の森

すべての人に共通しているものを発見することは、森の中に木そのものを見つけだすようなことである。森の中で特別に変わっているのは、「ソクラテスの木」だけなのであるから、簡単なようであるが、それに気づくことは容易なことではない。ただアポロンが「ソクラテスの木が木といえる」と象徴しているとたとえることができるので、それが目じるしになるにすぎない。

人間のシンボルは、ほかならぬそれをさがしているソクラテスの中にあるのであってみれば、渦巻いている言葉の中に真の言葉をさがすようなものである。しかし、幸いなことに、自分から「大木はおれだ」というように、「人間のなかの人間はおれだ」と誇っている人びとがいた。ソクラテスは、象徴の森の中を虻となって、ちくりちくりとさして歩いた。そのことからわかったのは、みずから誇っている者は、なにを誇っているのか、知らないということであった。それでも、なおかつ吟味の飛行をつづけた。どこの森にいっても、同じようなシンボルしかえられなかった。それは木のなんであるか、人間のなんであるかを、それぞれ知らないのに、木であり人であると思っている点なのであった。

木でありながら木であるのを知らないとは奇妙なことである。人でありながら人であるのを知らないとは奇妙なことである。つまるところ、ソクラテスだけが、森の中の木であることを、人間の中の人間であることを、すなわちたくみで魅力的な言葉の中できらりと鈍い光を発しているのは、「知らないということを知っている」ただそれだけのことにすぎなかった。真理はま近かにあり、きわめて素朴なことであった。「知らないことを」「知っている」か、「知らない」か、そのどちらかにすぎない。森の中に木を見ることは、多くの人にはできず、森の中に森を見ているのであった。「グノオティ・セアウトオン」(なんじ自身を知れ)ということは、ソクラテス以外のすべての人にいえるが、かれ自身には通用しない。ソクラテスは、自分はなにも知らないということを知っているからであった。それで森の中の木はソクラテスにほかならず、渦巻いている言葉の中の言葉に値するものは知らないということを知っている、すなわち「無知の自覚」ということなのであった。

無知の自覚

知らないということを知っている。この一行のシンボルはたいしたことなのである。多くの人から知者あるいは賢者といわれている人びとはなんでも知っていると思っている。しかし、全体を全体として見ることはなかなかできないことなのである。そして「見ること」と「眺めること」とは別なのである。ソクラテスは特殊をせんじつめていくと普遍に達することを知ったのである。その方法は質問を矢つぎばやに発しながら相手を吟味し心で問題になっている対象を見ることなのである。

そうすることによって「無知の知」にぶつかる。これほどの真実があろうか、とソクラテスには思えたのである。たしかに、それはすべての人間に共通しているだろう。みずからなんでも知っていると思っていた人は、みずからの無知を、沈黙において示さざるをえない。つまりソクラテスの質問に答えられなくなるのである。答えられなければ、無知な人は、それだけ反感をもつ。ますます無知を自分からさらけだすことにもなる。したがって「無知」は「無恥」でもあるのである。

ほんとうはなにも知らないのになんでも知っていると思いこんでいるのは、恥を知らないことである。恥を恥とも思わないことである。にもかかわらず知っているなどと誇るとすれば、それこそ厚顔無恥といわれてもしかたがないであろう。

ソクラテスはこのようにしてアポロンの真意を理解する。かれ以外のほとんどの人は無知を自覚していなかった。ここで「無知の知」の思想は、ソクラテスの使命となり信念となってかれの生涯を貫流することとなる。それは、あきらかに、ひとつの思想の結晶といえるであろう。

イロニーの概念

「無知の知」は、ソクラテスにおいては、「死命の思想」になるのであるが、それはイロニーの概念をふくんでいるからである。

もしソクラテスがなにも知らないのならば、対話を通して、たとえばソフィストのような強敵を相手に、無知を自覚させることはできないであろう。ソフィストはわざと自覚する努力をしないかもしれないが、レトリックを得意とするかれらを沈黙させるのは、たんなる論争の術ではできない。もしそれも一種のテクネー（術）であるとすれば、ソクラテスの場合は、イロニーであろう。

エイロネイア（イロニー）は風刺であり反語であり皮肉である。これらはだいたい同じ意味であるが、自分はすこしも傷つき痛手をこうむることなく、相手をこの状態に追いこむのである。ソクラテスの場合は、そこに野心も作為もなく、無知の自覚という純粋な動機と目的が働いていた。だから、反感をもつほうが、ほんとうはおかしい。内容の上からいえばそうなのだが、方法の上からいえば、イロニーの概念なのである。ここに「あぶ」としての、あるいは「シビレエイ」としての、ソクラテスの本領があったことは、たしかである。

相手を刺しても殺すことはしない。しかし、刺したそのソクラテスはついにそれがもとで殺されることになるのであるから、そのこと自体アイロニカルである。そのソクラテスはイロニーが直接原因とは思わず、信念への挑戦とみているわけであるから、つまるところ殺した者こそそのまま生きのびられないと、かれはいうのであった。

ともあれ、イロニーはロゴス（言葉）の上での操作なのか、それがソクラテスの意図的なものか、重要な課題であろう。「知らない」と「知っている」は、いわば反対概念である。「知らないことを知らないといわず」「知らないのに知っているということ」は、ソクラテスの場合は、事実のうらづけをえたうえでのことであるから、イロニーの概念は言語上で処理できても、ロゴス上の操作とも、意図的なものとも、いえないわけである。「無知の知」は、アポロンの神託と、ソクラテスの実地による確認と、使命感にささえられている。それは、人間に共通していえる強力な「自己」発見の方法だったのである。

この「自己」は特定の「わたくし」をさすのではなく、多くのわたくしに通ずるものであるから「無知の知」は人間を拡大し、いわば共通の広場にたたせることを意味する。そうであれば、イロニーはギリシア語のエイロネイア（知らないふりをすること）からきているのであるから、イロニーの概念として、純然たる方法概念とうけとれるわけである。したがって、ソクラテスにおいては、「無知の知」と「イロニーの概念」は、切り離すことのできないものなのである。しかし、それは、たしかに皮肉な方法であった。

産婆術

なぜ書物を書かなかったのか

ソクラテスは、それこそ一冊の書物も書いていない。その理由について、プラトンもクセノフォンもそのほかの人も多くを語らない。いやほとんどなにも伝えていないといえよう。したがって、このことについては、われわれはまったく想像の域をでないのである。

ソクラテスはあふれるほどのエネルギーと創造力をもっており、その思想は信念の持続力と堅固さにおいても、たぐいまれな人であった。その人が文字を知らず、そのうえ書く道具をもたなかった、などということはナンセンスである。それなら書けないわけでもあったのであろうか。

ソクラテスは詩を重く見た。それは『パイドン』の叙述で明らかである。かれが詩才に恵まれていたかいなかは別として、哲学と詩がむすびついていること、とくに「哲学は詩である」ことを知っていた。知を愛し求める精神は、真実をたいせつにする。うそになるような、あるいは誤解されるような、さらに真実から遠くなるような、そういう方法はできるだけさけようとする。それが愛知者というものであろう。ほんとうの哲学者は詩人でもあるのである。生きた哲学者は、自分の言葉と行動がすべてなのであり、それをことさら後世に伝えようとすることはない。いかにすばらしい思想といえど、それを文字に表現し活字にすれば、人の眼にふれるまでは、死も同然、もしふれたとしても、最初の生きた光彩はうすれているだろう。

ソクラテスはこういうことを知っていたのではなかろうか。かれはある意味で詩人哲学者であったかも知れない。言葉は生きているとき、話されたときが生命をもっている。対話をしたそのときがすべてであるかも知れない。質問し応答しあう、その時間内にしか真実はとどまっていないかも知れない。真実はいつもあるのだが、それがそっくりそのまま伝えられるのは、生きた音声を通しての言葉である。それによって、相手をみずから自覚させることも、自分も他人も吟味できる。さらに、学習や教育もアナムネーシス（想起）であるから、弟子によびかけ、めざめさせることが、最良の方法である。それは書物を読むのとは異なった、それ以上の効果をもっている。したがって、とくべつに書く必要を認めない。ソクラテスは、こんなふうに考えて、書物を書かなかったのだと、いえないこともなかろうと思う。

教育

こういうソクラテスである場合、教育については達人の域に達していたことになるだろう。しかし、かれを教育家とみてはならない。かれは教えるために教えることはしない。教えることを直接の目的とすることはない。教育の理想は教えることではなくて、その人みずからに自覚させることだからである。

もしソクラテスの思想に教育の理想があるとすれば、それこそ「産婆術」であろう。ギリシア語のマイエウティケーである。それは、かれのオリジナルな方法であるが、それも「汝みずからを知れ」とか「無知の知」とかアレテー（徳、その人のよさ、優秀性）とかプロネーシス（思慮）などと無縁ではないのである。

「できるだけすぐれた精神にしようとする」意志のない人に、いくらすぐれた人になれ、といっても無理であろう。なぜすぐれた人にならなければならないのか。そのほんとうの理由がわかることを前提としている。みずから進んで自分の子どもをとりあげるようにしむけるのが、師の役目である。その子どもとは、人それぞれ、無知であったり、アレテーであったり、人によってちがうであろう。無知の分娩《ぶんべん》、すなわちその自覚は、弟子自身がするのであって、教師は直接手をくださない。投薬しそれを自らの意志によって、飲むか飲まぬかを、選ばせるにすぎない。思想信念の分娩が、弟子の力で思うにまかせないとき、術としての投薬を展示するようなものである。それは、質問であり、ときにはイロニーであるかも知れない。要するに、愛知の精神を自覚させ、それによって、「いついかなるところでも真実を求めてやまない信念」を形成させる術が、マイエウティケーといえるであろう。

産婆術はソクラテスの深い経験に根ざしている。それはたんなる体験の集積ではない。肉体からの魂の分娩のプロセス、ともうけとれるのである。そのプロセスは幾度かの持続、間接的経験、すなわち思考と苦悩の道程をへる。そして、心を節制や正義や自由や真理をもって満たす。それには、できるだけ肉体の快楽から離れて、魂の世話をしなければならない。魂の自立を求めるのである。

こうして、ソクラテスは異常なまでの経験に終始している。人は新たに記憶を始めるのではなく、魂は永遠に生き続けてきたはずであるから、魂の中にしまいこんで忘れているものがあり、それを想起できるというのである。問いかつ答えることによって、学ぶということが想起というかたちをとる。しかしこの知識の想起説は、ソクラテスのものか、プラトンのものか、決定しかねるといわねばならない。ただ「産婆術」がそれに関連しているので、どうしてもふれざるをえない。教師は教えるのではなく、知識を生まれさせるのだとすれば、なにかを発見し吸収するというものではないから、すでにかつてあり今は忘れているものを、想い起こさせるのだと考えられないこともない。その術もたしかに「産婆術」といえるわけである。こうして、ソクラテスの「産婆術」は、教育の理想として、現代においても、そのオリジナリティを失っていないであろう。

永遠なるもの（イデア）

影　くもった日には影は見えない。それは、現実的には、太陽のせいである。もともと影はあるというものではない。静かに眼をとじれば、木なら木、人なら人がうかんできて、影のうかぶことはすくない。影は心で見るというよりも、それは眼で見られるものなのである。

心にうかんでくるものは、その人の「かたち」、あるいはそのものの「映像」である。見られたものである。考えられたものである。われわれは木を見て木を見ない。木というものを見る。人を見て人を見るのではない。人というものを見るのである。対話をして、伝達しあうのは、山の木でも、働く人でもない。一度は見たことがあり、一度は心の中を通過した、そういうふうにして記憶された、イメージとか人というものである。たとえそれが影についてであっても、影というもの、「カゲ」という音声によってさし示されるものを話すのである。

ソクラテスが対話を重視したのは、事実をめぐって、その実際のことは過ぎ去り消えてなくなっていても、そのことについてなら、いくどでも話しあえるものに注目したことを意味する。「意味」に注意したのである。「観念」を認めたのである。ということは、太陽と事物と影について考えてみるに、太陽にこだわり、事物と影をすてたことになろう。影はあることのもっとも稀薄なもの、事物は影の本体で影を作るものであるが、それとても太陽なしには、暗黒一色となってしまう。要するにソクラテスは、光と影でいうなら、光を求めたのである。それあるがゆえに、すべてのものがあり、いっさいのものを説明できるものを問題にした。それを人間を中心にして考えたところに、彼の独自性がある。

虚像

自然物の場合は、光と物と影で説明できるが、人間の場合は、行動を無視するわけにはゆかないから、嘘と真実の問題になる。嘘《うそ》と真実は、なにかをめぐって嘘であり、真実なのである。ソクラテスはそのなにかを、プロタゴラスのように、ただちに人間としたのではない。人間あっての真偽であるが、人間のめざすものを問題にした。

多くの人はつかの間の幸を求める。どうでもいいことに気を使ってしまう。その代償のはかなさを知らない。食べること、眠ること、住むこと、が快適であることにこしたことはない。でも、あまりに気を使いすぎると、みみっちく眼先のことにとらわれて、ほんとうに永続的な幸せをつかめない。幸せという言葉がだいじなのではない。その経験が心にきざむリズムがたいせつなのである。不知の不幸と無知の不幸と知の不幸は、それぞれちがう。ともすると人は虚像を本物と思ってしまう。知らない不幸は、知ったうえでの不幸よりも、いっそう不幸である。

ソクラテスは将来の時間を先取りできる人であった。損をしない生きかたをしようと努力する。人はみずから好んで悪を犯そうとはしない、とかれはいう。しかし、実際は犯してしまう。善を求めようとして悪を犯してしまうほどでもある。そういう善は利得を通しての善なのであろう。こういうソクラテスの人間愛は強調しても、しすぎることはない。善とは永続きするもので、虚像のようにつかの間の存在ではない。美もそうである。美を醜に代えようとする人はすくない。醜をとおしてしか美をえられないときにこそ、醜にもこだわるであろう。虚像は、はかなく、むなしい。それを知りながら、人は虚像を求めるのではない。虚像と知らないで虚像をうけとるのである。虚像はいつも利得や名声という、うらづけをともなって人間に迫るので、ふと手にしてしまう。ソクラテスはそれを十分に警戒し、その誘いにはのらなかったのである。

真　実

「影」も「虚像」も見えているかぎりは、あるがままの一面をもっている。しかしそれは、たえずゆれ動いている炎のようなものである。やがて消滅する。それは「現象」にほかならないからである。

人間はパトス（感情）的な傾向が強いから、現象には弱い。見えるものを、見るなといっても、見てしまう。心で見ることは、なかなかできない。心で見るということは、そのものの本質を知ることである。見えない「かたち」を見ることである。それにはロゴスをもっていなければならない。ロゴス（理性）的な面は、訓練しなければ身につかない。それには精神を純粋に保つ必要がある。ソクラテスが生を死への準備としたのは、魂のひとりだちが一刻も早くできるように、とたえず修練していたことを意味する。それは同時にそのものになりきって、なにものにも邪魔されないで、見るべきものが見れるように、精神を純粋に保つ訓練をすることでもあった。

「現象」と「真実」は、影と本体とにたとえられる。そのかぎりつながっているようであるが、どちらか一方を欠けば、両方ともなくなるというものではない。たしかに、信念は行動をともなって実証される。だからといってむすびついていなければならない、という必然性があるかどうか。ソクラテスにおいては、魂が永遠に生き続けるのであるから、そのかぎり現象とは無縁になれる。その永遠に生きるとは、なにが魂の中に生き続けるのかが問題なのである。生きているときも死んでからも、存在し続けるものがあるのでなければならない。もしそういう存在があるとすれば、それは「真実」であり、「真理」である。ソクラテスはそれをどんなふうに考え、どんなふうに名づけていたであろうか。

イデア（理想）

ほんとうにいつもありつづけるものは、変化をまぬがれているということである。変化とはある状態から他の状態に変わることであるから、このなかには「ありつづけるもの」はないであろう。変わるものと変わらないものとがあって、変わらないものが変わるものを現象させているのだ、ときめることもできないであろう。ソクラテスにおいては、魂のありかたがつねに問われており、そのありかたは「ありつづけるもの」をめぐって展開される。それは「いついかなるばあいにも知を愛し求めることをやめないであろう」というかたちで現実化されている。

これは「愛知者」として生きることをやめないという意味である。ソクラテスはどうあっても「哲学者」「哲人」であることをやめようとはしない。やめないかぎり探究の対象もあるわけである。それとも、その対象のあるなしにかかわりなく、愛知者としての態度を持続させるのだ、というのであろうか。哲学とその対象の問題は、それにたずさわる者の精神の純潔にかかっている。その純粋性のいかんが、その人柄をつくるだけではなく、その内容をもきめるのである。ソクラテスはその典型を示している。

かれにおいては「ありつづけるもの」が、大別すれば二つになっているように思える。一つは哲学をやめないという精神、しかもそれは不滅の魂とむすびついている。それは理想はつねに求められるものという永遠を意味している。もう一つは、イデアの世界ともいえる、心でしか見られない不滅のものである。いつも等しく同一で、なんらの変化もうけることのないものである。だから、質問したり、応答したりして、だんだんと追いこんでいって、たとえば「人間は死ぬものである」と定義するならば、だれが考えてもそうならざるをえないものに到達する。人間が死ぬという観念は不滅である。一プラス一は二である。だれが考えてもそうなる。しかし、ソクラテスは、それすらも吟味し、一と一とはどういうふうにして二となり、二となったふたつの一は、一体どう考えたらよいのかと、質疑応答をくりかえすのである。もちろん二になることを疑っていない。そのプロセス、なりかたを吟味しているのである。「定義」はソクラテスによって確立された、とアリストテレスが主張したのは、当然といえよう。

最後にさし示すもの

人間の典型

『ソクラテスの弁明』を、一度でも手にし、その数行を読み進んだ者は、途中で投げだすことなく、精神も肉体も一つになって、ある決意へと導かれている自分を発見するだろう。そして、おそらく、生涯忘れることのできない記憶を残すであろう。その「決意」と「記憶」とは何であろうか。

哲学的人間の典型をつきつけられた驚きである。永い眠りから呼び醒まされて、新たな天地を求めて旅立とうとする、あの躍るような新鮮な感情である。そこには未知への不安と、なにが起こるかもしれない期待とが、入りまじっている。中途で挫折するか、すばらしい人生を展開できるか、わからないけれども、どうしても、一歩ふみださずにはいられない、あの決意である。

さらに逆境にさいなまされている者は勇気をふるい起こすだろう。あまりにも不正がはびこっているときには、それと戦う正義の力を、確かめて見ようとするだろう。自分の弱気が堕眠をむさぼり、人生の落日を想うとき、落ちていく太陽でも、あの光景を残すではないかと、ソクラテスの偉大な死を想起するであろう。名声を得、金銭も貯え、なに不自由なき身でありながら、それでも没落の運命に、いつつきおとされるかも知れないと、まだ見ぬ不安におののく、幸せの不幸をなにによってぬぐいさるべきかを示すでもあろう。

なにごとにも、けっしてあきらめない、あの不屈の精神が、たんなる栄養の十分な食生活からだけ形成されるのでないことを、深く知らされるかも知れない。ふとった豚よりも、やせた豚なるがゆえに、もつことのできる、ソクラテスの知恵を、心に刻みつけるであろう。人は生きているときに、墓碑銘を行動の中に印すべきであることをも教えるであろう。

人間の理想と現実は、ソクラテスの言葉と行動のなかに、いかんなく示されている。だから、もし現代にソクラテスが生きているならば、なにを主張し何をするだろうかと、問わなくとも、すでに暗示されているように思える。ソクラテスの最後にさし示すものの一つは、「哲学的人間の典型を生きた人である」といえるであろう。

人間愛

『クリトン』を読んだことのある人は、人間関係の密度と友情のなんであるかを、思い知らされるであろう。とくに一途な人間愛と友情の激流を、溺《おぼ》れることなくいかに泳ぎきるか、またそれをどううけとめていくかの、一つのモデルにうながされてはっとさせられるであろう。

人間はいかなる過去をもとうとも、最後のどたん場に追いこまれ、死にひんしているのを見ると、情感のすべてをしぼって、助けようとする。多くの場合、その救いの手にのって、できることなら、死をのがれたいとあがきにあがくものである。ソクラテスはこれと正反対である。かれの過去は一天の雲なく晴れており、現在は澄み切った境地で、しかも未来に向かってはみずから死を招こうとする。あの逃亡のすすめの場合にも、説得力のかぎりをつくして、自分にさしのべられた手を、自然にもとの位置にかえすばかりではなく、深く謙虚に頭をたれさせるのである。

ぶこつな風貌に似あわず、あの人間の底の底を読みきる洞察力と、それを冷たくアイロニカルに表現しながら、しかも人の心にどっしりとのしかかる重厚さとに、驚嘆させられない人はすくないであろう。正義の実現と不正への精力的な挑戦によって鍛えられた試練の人だからだけでなく、『饗宴《きょうえん》』に示されたエロス（愛）の人でもあるからである。

愛の「かたち」は変わらないにしても、それを求める姿は変わるであろう。変わらないものをめざすがゆえに変わるのである。したがって愛の原型は創造されるというよりも、「あって」「見えない」のである。ギリシアのエロスがヘブライのアガペー（慈愛）と混交《こんこう》したように、美しく善い愛であることを、願わない者は一人もいないであろう。ソクラテスの愛は、人類の普遍的な愛の可能性をはらんでいる。

「肉体の愛」「同性の愛」「純粋の愛」は、人間の歩む愛の位階を示している。肉体のそくばくから解放され、中性の愛をへて透明なそれへと上昇する、愛のプロセスは、ひきあうことと求めることの次元を一つにする、愛そのものへの同化を示している。愛の「かたち」になりきることはできない。それの原型はつねに理想であって、美と善とが完全調和しているから、人間はそのものになりきることはできない。知を愛し求めてやまないように、愛も間断なく求めてやまない姿勢のなかにしか、その真の姿をあらわさないのである。しかもソクラテスは知への愛と人間への愛とは、一つになるべきことを、理想とした。愛はその人の行動の中に具現されているがゆえに、その人には見えないが、ほかの人にはよくわかるのである。

死の先取型

『パイドン』を読む者は、人間にとって死がいかなる意味をもつかを知り、それを生きながら自分のものにすることが、どんなに重要であり、また大変なものであるかを、心から学ぶであろう。このような死の獲得は、われわれからいえば、生を棄てあきらめるのではなくて、恒常し連結するものを発見するか新たなものを生み出すために「努力し忍耐し創造する人生」を生きぬくことであろう。

ただ生きることではなくて、良く生きることの典型を、たえず現実化しながら、その行動の軌道を見通しふりかえり、いつでもロゴス化し説明できる。これがソクラテスの人生ではなかったかと思われる。

透明な精神は、生を死に変える決断が、ロゴス的に行なわれているとき、初めてえられるのであろう。ソクラテスは思いつきで、あきらめをもって、情感に流されながら、死を抱擁したのではない。全生涯を賭《と》して、生を死への準備としながら、全行動とすべての言葉を、選出しつつあったのである。死は身近かにあり、いかなる人生も死の幕に閉ざされるからといっても、生を死に転換させること以上の決意はない。ソクラテスの哲学と人生は、「死の先取型の規範」であった。それはけっして自殺ではなかったのである。

哲学と言語

真の言葉は行動によってしか書かれないであろう。行動は言葉によってかりたてられ、行動しただけの言葉を生むからである。それはその人の言葉が後世に残るかいなかとは別問題である。たしかに言葉は話されつつある、そのときに香も色も響きも真実ももっている。しかしそれがその人のものであるかいなかは、その人の行動のなかにしか示されていないからである。ソクラテスの言葉は、言語の中に定着されなかったが、それゆえに凍結されず、プラトン哲学を生みだすことができたといえるかも知れないのである。

ソクラテスの言葉は、プラトンによって、いかんなく再言されたが、それは師弟関係以上に哲学の本質に迫り、言語作品の傑作となった。哲学の表現方法が、行動を最上とするゆえんを、ソクラテスほどいかんなく発揮した人はすくなく、「言語によらない哲学」の典型を示している。ソクラテスの思想が、言語によるようになったのは、プラトン以来のことであろう。ソクラテスは対話の名手であり、弁証法への道をひらき、帰納法による定義を発見したということも、プラトン、クセノフォン、アリストテレスなどによって実証されることなのである。ソクラテスが紀元前三九九年、ほとんどの哲学者がソクラテス的危険にさらされたときにはアテナイを逃げだす情勢の中で、かれだけが死刑になったのは、動かすことのできない事実なのである。

平然と無実の死刑をうける以上の行動はないだろう。哲学と言語は、言語と行動に置き換えられても、行動が優位を占めるならば、初めて哲学といえるような、そういう哲学がソクラテスによって暗示されている。その意味で、かれにおいては、哲学と言語は後から、かれの行動の証明として、われわれに伝承されたかに見える。哲学と言語は行動以上にでない点のあることが、ソクラテス以来の一つの真理となった。

ソクラテスの遺産

紀元前三九九年、ソクラテスの死を境に、ギリシア哲学は多方面への展開を見せることになった。それは哲学にかぎらず、人心その他への影響の点から見て、全文明への高らかな警鐘にほかならない。

ギリシア哲学の黎明

偉大な人の死は、死後ますますその真価を発揮する。考えてみるにこれはある意味では悲しい現実である。ソクラテスもその例外ではない。たとえニーチェが、それなりの理由によって、「悲劇の誕生」と名づけたにせよ、ソクラテスの業績と死を完全に無為にすることはできない。人は貴重なものはひろい、無意味なものはすてようとする習性を、いつのまにか身につけているからである。問題なのはそのたぐいまれな思想家が生きているときに、その真価を発見し活用できない愚かさである。その愚かさが今まで多くの思想家や科学者を悲劇に追い込んだのであった。

プラトンはその愚かさを、すなわち同時代人のソクラテスへの無理解を必死に挽回しようとした哲学者であったともいえよう。それによって「ソクラテス以前」「ソクラテス以後」の言葉が、生きたものとなり、ギリシア哲学の内容を区分し、哲学史の方向を運命づけたのである。それはプラトン、アリストテレスの業績でもあるが、もしソクラテスが出現しなかったら、おそらくそうならなかったであろう。ソクラテスの第一の遺産は、プラトンを生みだしたことである。やがてそれがアリストテレス哲学誕生の契機となった。アリストテレスの哲学は、イオニアの自然哲学の伝統にぞくしているとはいえ、それと直線で結ばれたわけではない。かれの『形而上学』でわかるように、プラトンのイデア論への批判がかれの思想の出発点であったともいえるからである。プラトンはソクラテスの哲学から早期に訣別したのではない。アリストテレス・プラトン・ソクラテスは一連の曲線で結ばれている。したがって、ソクラテスの死は、ギリシア哲学の黎明といえるのである。

スウニオン岬

さらにソクラテスは哲学の氷結への道を暗示しながらも、一方では哲学の解放への方向を準備していた。すでにのべた「小ソクラテス派」がそれである。ストア派、エピクロス派の哲学も、ソクラテスと無縁ではない。徳の教示によるモラルの父という賞賛など、それこそソクラテスの遺産は無数にあるといえるだろう。哲学の氷結とは、哲学の完成を意味する。それがプラトン、アリストテレスによって遂行された。まだまだ無限の可能性をはらんでいたはずの哲学の発展性が、ソクラテスの方向づけによって、「イデアの城」と「形而上学」の二つに、哲学は凍結されてしまったというのである。しかし、これも一つの見方にすぎない。アウタルケイア（自己充足）とエンクラテイア（克己、忍耐）とによって可能となる「意識の自由」への道がソクラテスの哲学によって、暗示されてもいたのである。

モラルの父

ソクラテスはやはり生きた哲人であった。思想と行動の人であった。書斉の人ではなく、それを民衆の中に開放した。そういう場合に可能な哲学は、倫理的ならざるをえないであろう。その極限を形成したかに思える。そこにこそ倫理の父としてのソクラテスの姿がある。

哲学がその表現の形式を、行動に限定された場合、いつの時代もソクラテスのようになるかいなかは問題であろう。しかしその一つは明らかにソクラテスにならざるをえないといえよう。アテナイというポリスの制約があったにせよ、かれは人間の絆《きずな》を示している。そのきめ手は、いうまでもなく、ロゴスによる共通の広場の発見ということである。たんなる行動にとどまり、ロゴスをともなわなかったならば、あの時代の制約も、ポリスの城廓も、こえることはできなかったであろう。「ポリス的人間の倫理学」をこえることはできなかったに相違ない。国家あっての個人であり、個人あっての国家ではなかったが、ソクラテスには国家も個人もあわせ一つにする永遠的世界とむすびついたアレテー（徳）のモラルがあった。

信念と行動との一致、知と行との合一、観と行との結合という、ある意味で人間の理想といえるものを生きようとした。だから、当然、ポリスの国法にもふれ、死刑を招くようにもなったのである。テオリア（観想）とプラクシス（実践）とポイエシス（制作）が渾然一体化する人生は、理想的人間だけがなしうるわざであり、ソクラテスはそれに近い活動を終生つらぬいたのである。近いというのは、かれにおいて、ポイエシスは不発に終わったきらいがあるからである。かれの制作は行動の中に、あるいは音声としての言葉の中に具現され、本質的なポイエシスともいえるが、そのきめ手にうすい。そしてかれの言葉がダイモンと直結し、永遠不滅という魂にささえられているために、そのいわんとするところは理解できても、その超人間的、神秘性には、ついてゆけない面がある。死後の世界にもなにかを期待することは、個人の自由であり、宗教的ではあるにしても、人間としてはどん欲のそしりをまぬがれない。だから、ソクラテスのいわんとするところは、いつ死んでも悔いのないように生を死への準備と化する方法にあった、というほうが自然であろう。知も行もその人のアレテー（優《すぐ》れた性質）を根底とするゆえに人間的であり、そこに「モラルの父」が無知の自覚を前提しており、発展の可能性の余地をわれわれにも残しえたのである。

人類への警鐘

ソクラテスは幸福を求めていた。その点においてわれわれも変わりはない。しかしかれはそれを死と交換せざるをえなかった。われわれは死となにを交換するだろうか。その問題はいまだに解決されていない。もちろん目的は一つでも方法はちがっている。その未解決な問題は、生の獲得に生をもってするか、死をもってするか、なにをもってするかである。

生きているときがすべてである人は、死後に何ものも期待しないであろう。死後にも何かを求め、あるいは死後にも何かを考えなければ、生を一日たりと過せない人は、超人間的世界をうんぬんせざるをえないだろう。しかし両者に共通しているのは、あくまでも「生」が中心になっていることである。「幸福」とは「豊かな生」の別名であり、また人によって多様な言葉に置きかえられるものである。豊かな生には、心の豊かさもあれば、金銭や物質の豊かさもあろう。ソクラテスのそれは、アンチステネスやディオゲネスの方向と、プラトン・アリストテレスの方向、すなわち「大ソクラテス派」と「小ソクラテス派」の方向へとひらかれていた。一方は学問的、他方は人生論的である。どちらがソクラテスに近いかは、きめられない。それは「イデア」と「意識の充足と自由」の二方向であり、現実と永遠の二世界が二元的に立ちはだかり、「幸福の問題」ではつつみきれない。

知を愛し求め、精神をできるだけすぐれたものにし、良く生きることが、たえず問題であったソクラテスには、魂そのものになりきることが、それらの実現への最短距離である。美しき生による死の獲得が唯一最高の課題である。それにはいつ死んでも悔いのないように生きることである。われわれはこの警笛に対して、生がすべてであり、家庭の平和が最大であり、もしそうでなければ家を放棄せねばならず、仕事は生活の手段というならば、ソクラテスはなんというだろうか。それにしても、国家が危機にさらされれば家の危険、身の破滅をまねくかも知れず、まず人間のひいては人類の紐帯《じんたい》をさがすべきで、それには、「個の存在」と「公の存在」とが重量において等しく、もはやどちらがどちらを殺すということもない、「共通のロゴス」を発見すべきだとソクラテスはいうだろうか。それよりも、もしもソクラテスがわれわれのなかに生きていないならば、かれはどこにも存在しない、ということを、より積極的に考えるべきであろうか。

ソクラテス年譜

西暦	年齢	年譜	背景をなす社会的事件、ならびに参考事項
前四七〇～四六九年		アテナイのアロペケ区に生まれる。父ソプロニコスは石工、あるいは彫刻師。母パイナレテは産婆であったと伝えられる。サラミスの海戦で、アテナイがペルシア軍を破ってから一〇年後に当たる	このころのアテナイは、前五九四年のソロンの立法により民主政治が基礎づけられ、前五〇八～五〇七年のクレイステネスの改革を経、黄金時代を迎えようとす アテナイは、前四七八年に結ばれたデロス同盟で、二〇〇以上の諸国を支配するアッティカの盟主で、軍事・政治・経済の中心
四六五	四歳		小アジアのギリシア勢力圏を支配するペルシアを、エウリメドンの戦いで破る
四六一	八	イオニアの都市クラゾメナイ出身の哲学者アナクサゴラス、アテナイに住む	
四六〇	九	歴史家ツキジデス生まれる	
四五六～四五五	一三～一四	ギリシア三大悲劇詩人のひとりアイスキュロス死す	アテナイ長城壁を完成

前四五二年	一七歳	ソクラテス、アルケラオスに師事。それより一二年ないし一五年交際す	アテナイの国力充実。ペリクレスの黄金時代を迎える。アクロポリスの丘にパルテノン神殿の建設開始。テミストクレスの自殺はこのころと伝えられる
四五〇	一九	アナクサゴラス、アテナイを去る。パルメニデスは六五歳前後、エレアのゼノンは四〇歳に近い	
四四九	二〇	ソクラテス、自然哲学の研究に関心をもつ。知的好奇心も旺盛	
四四八	二一		カリアスの平和。ペルシア戦争の終結
四四五	二四	ソクラテスがアルケラオスの正式の弟子となったといわれる。喜劇作家アリストファネス生まれる	
四四一〜四四〇	二八〜二九	サモス島に遠征。そこでアルケラオスに会ったという説があるが、確かではない	
四三二〜四二九	三七〜四〇	ソクラテス、北部バルカンの都市ポティダイア包囲戦に従軍、勇名をとどろかす	
四三一	三八		アテナイとスパルタとの間にペロポネソス戦争始まる
四三〇	三九		アルキダモス指揮のペロポネソスの同盟軍、ふたたびアッティカに侵入。アテナイに疫

四二九～四二八	四〇～四一	ソクラテス、ポティダイア戦線より帰還。自然の研究から人間の研究に移り、アゴラ（市場）や街頭・公園・体育場などで問答を開始。カイレポンによる「デルフォイの神託」「不知の知」「無知の知」の認識の展開とその深化徹底。ペリクレスの死	病発生 アテナイ衰亡に向かう
四二七	四二	プラトン、アテナイに生まれる。弁論術の名手ゴルギアス、シケリア島レオンティノイの使節代表として、初めてアテナイを訪問	
四二五	四四	歴史家ヘロドトス死す	
四二四～四二三	四五～四六	ボイオティア地方東端の要所デリオンの戦いに、ソクラテスは重装兵として参加。沈着・冷静な勇敢さを発揮	
四二三	四六	ソクラテスをソフィストとして戯画化した、アリストファネスの『雲』アテナイで上演	
四二二	四七	ソクラテスは、北部バルカンの重要都市アンピポリス遠征に従軍したと推定されている	
四二一	四八	「ニキアスの平和」	ペロポネソス戦争第一期の終わり。主戦派アルキビアデスの台頭
四一九	五〇	妻クサンチッペと結婚したのはこのころと推定される	

前四一六年	五三歳	プロタゴラスの裁判。悲劇作家アガトン、アテナイの悲劇競演において優勝	
四一五	五四		アテナイはシケリア遠征に失敗 アルキビアデス、ヘルマイ凌辱罪(本文二一ページ参照)に問われ、シケリアより召還途中、かれはスパルタに逃亡
四一三〜四〇四	五六〜六五		ペロポネソス戦争第三期、アテナイ帝国の崩壊
四〇八	六一		アルキビアデス、スパルタより、アテナイ市民歓呼のうちに帰還
四〇七	六二	プラトン(二〇歳)、初めてソクラテスとめぐりあう。あるいはもっと前から知りあっていたかも知れない。ソフィストのゴルギアス・ヒッピアス・プロディコスなどが活躍中	
四〇六〜四〇五	六三〜六四	ソクラテス、プリュタネイオン(政務審議会)の執行委員となる。アルギヌゥサイ事件(本文二三〜二三ページ参照)に関し、ただひとり最後まで反対 ギリシア三大悲劇詩人のエウリピデス・ソフォクレス死す	アテナイ軍、アイゴスポタモイ海戦で、スパルタ軍に撃破さる

四〇四	六五	ソクラテス、独裁政権本部に呼び出され、ほかの四人と共に、サラミスのレオンの逮捕を命じられたが、不正な命令として無視、ひとり帰宅 レオン逮捕事件は、二三歳のプラトンの心に暗影をおとし、異常な憤りを残す	アテナイ無条件降服。三〇年間に近いペロポネソス戦争の終結。クリチアスの三〇人独裁政治出現 アルキビアデス謀殺さる
四〇三〜四〇二	六六〜六七		三〇人独裁政権の崩壊。民主制の回復
四〇〇	六九	偉大な歴史家ツキジデスの死？	
三九九	七〇	プラトン二八歳 ソクラテスの告訴・裁判・死刑。民主派の党領アニュトス、弁論家リュコン、詩人メレトスの三人から、アテナイの法廷に告訴さる。五〇〇人の陪審員に裁かれ、無罪を弁明したが、二回の票決で死刑確定。同年二月か三月毒杯を仰いで死す プラトン、これを境に真の哲学に回心、「目がくらむ思いで」遍歴の旅に出る	

参考文献

プラトン全集（全一二巻）
岡田正三訳　全国書房　昭21・10〜27・11

ソクラテスの弁明・クリトン　プラトン（岩波文庫）
久保　勉訳　岩波書店　昭25・10

パイドン――霊魂不滅論――　プラトン
村治能就訳　綜合出版社　昭22・5

饗　宴――恋について――　プラトン（角川文庫）
山本光雄訳　角川書店　昭27・6

ソクラテスの弁明・パイドン・饗宴・プロタゴラス
メノン・ラケス・アルキビアデス・テアイテトス
プラトン（世界文学大系3）筑摩書房　昭34・1

プラトン　I（リュシス・饗宴・メネクセノス・
ゴルギアス・ソクラテスの弁明・クリトン・パイ
ドン・クレイトポン）（世界の名著6）
田中美知太郎他訳　中央公論社　昭41・4

ソクラテスの思い出　クセノフォン（岩波文庫）
佐々木理訳　岩波書店　昭28・3

戦　史　上　トゥーキュディデース（岩波文庫）
久保正彰訳　岩波書店　昭41・2

雲　アリストパネース（岩波文庫）
高津春繁訳　岩波書店　昭32・11

ソクラテス　テイラー
林　竹二訳　桜井書店　昭21・2

ソクラテス　ジャン＝ブラン（クセジュ文庫）
有田　潤訳　白水社　昭37・1

ソクラテス　後藤孝弟　弘文堂書房　昭23・4

ソクラテス（岩波新書）
田中美知太郎　岩波書店　昭32・1

ソフィスト（教養文庫）
田中美知太郎　弘文堂書房　昭16・2

哲学通史（第一巻）　速水敬二　筑摩書房　昭25・6

ギリシアの哲学と政治　出　隆　岩波書店　昭24・6

なお、国外の参考文献は本文中に注記した。

さくいん

ソ　ク　ラ　テ　ス■　人と思想《しそう》3　　定価はカバーに表示

1967年5月1日　第1刷発行©
2015年9月10日　新装版第1刷発行©
2017年5月30日　新装版第2刷発行

・著　者　……………………………中野《なかの》　幸次《こうじ》
・発行者　……………………………渡部　哲治
・印刷所　……………………………図書印刷株式会社
・発行所　……………………………株式会社　清水書院

〒102-0072　東京都千代田区飯田橋3-11-6
Tel・03(5213)7151～7
振替口座・00130-3-5283
http://www.shimizushoin.co.jp

検印省略
落丁本・乱丁本は
おとりかえします。

CenturyBooks

Printed in Japan
ISBN978-4-389-42003-1

Century Books

清水書院の〝センチュリーブックス〟発刊のことば

近年の科学技術の発達は、まことに目覚ましいものがあります。月世界への旅行も、近い将来のこととして、夢ではなくなりました。しかし、一方、人間性は疎外され、文化も、商品化されようとしていることも、否定できません。

いま、人間性の回復をはかり、先人の遺した偉大な文化を継承して、高貴な精神の城を守り、明日への創造に資することは、今世紀に生きる私たちの、重大な責務であると信じます。

私たちがここに、「センチュリーブックス」を刊行いたしますのは、人間形成期にある学生・生徒の諸君、職場にある若い世代に精神の糧を提供し、この責任の一端を果たしたいためであります。

ここに読者諸氏の豊かな人間性を讃えつつご愛読を願います。

一九六六年

SHIMIZU SHOIN

【人と思想】既刊本

老子	高橋進
孔子	内野熊一郎他
ソクラテス	中野幸次
釈迦	副島正光
プラトン	中野幸次
アリストテレス	堀田彰
イエス	八木誠一
親鸞	古田武彦
ルター	小牧治 泉谷周三郎
カルヴァン	渡辺信夫
デカルト	伊藤勝彦
パスカル	小松摂郎
ロック	浜林正夫他
ルソー	中里良二
カント	小牧治
ベンサム	山田英世
ヘーゲル	澤田章
J・S・ミル	菊川忠夫
キルケゴール	工藤綏夫
マルクス	小牧治
福沢諭吉	鹿野政直
ニーチェ	工藤綏夫
J・デューイ	山田英世
フロイト	鈴村金彌
内村鑑三	関根正雄
ロマン＝ロラン	村上嘉隆 村上益子
孫文	横山英 中山義弘
ガンジー	坂本徳松
レーニン（品切）	中野徹三 高岡健次郎
ラッセル	金子光男
シュバイツァー	泉谷周三郎
ネルー	中村平治
毛沢東	宇野重昭
サルトル	村上嘉隆
ハイデッガー	新井恵雄
ヤスパース	宇都宮芳明
孟子	加賀栄治
荘子	鈴木修次
アウグスティヌス	宮谷宣史
トーマス・マン	村田經和
シラー	内藤克彦
道元	山折哲雄
ベーコン	石井栄一
マザー＝テレサ	和田町子
中江藤樹	渡部武
ブルトマン	笠井恵二
本居宣長	本山幸彦
佐久間象山	奈良本辰也 左方郁子
ホッブズ	田中浩
田中正造	布川清司
幸徳秋水	絲屋寿雄
スタンダール	鈴木昭一郎
和辻哲郎	小牧治
マキアヴェリ	西村貞二
河上肇	山田洸
アルチュセール	今村仁司
杜甫	鈴木修次
スピノザ	工藤喜作
ユング	林道義
フロム	安田一郎
マイネッケ	西村貞二
エラスムス	斎藤美洲
パウロ	八木誠一
ブレヒト	岩淵達治
ダンテ	野上素一
ダーウィン	江上生子
ゲーテ	星野慎一
ヴィクトル＝ユゴー	辻昶 丸岡高弘
トインビー	吉沢五郎
フォイエルバッハ	宇都宮芳明

ラス=カサス	染田秀藤
吉田松陰	高橋文博
パステルナーク	前木祥子
パース	岡田雅勝
南極のスコット	中田修
アドルノ	小牧治
良寛	山崎昇
グーテンベルク	戸叶勝也
ハイネ	一條正雄
トマス=ハーディ	倉持三郎
古代イスラエルの預言者たち	木田献一
シオドア=ドライサー	岩元巌
ナイチンゲール	小玉香津子
ザビエル	尾原悟
ラーマクリシュナ	堀内みどり
フーコー	今村仁司 栗原仁
トニ=モリスン	吉田廸子
悲劇と福音	佐藤研
リルケ	星野慎一 小磯仁
トルストイ	八島雅彦
ミリンダ王	森祖道 浪花宣明
フレーベル	小笠原道雄
ヴェーダからウパニシャッドへ	針貝邦生
ベルイマン	小松弘
アルベール=カミュ	井上正
バルザック	高山鉄男
モンテーニュ	大久保康明
ミュッセ	野内良三
ヘルダリーン	小磯仁
チェスタトン	山形和美
キケロー	角田幸彦
紫式部	沢田正子
デリダ	上利博規
ハーバーマス	小牧治 村上隆夫
三木清	永野基綱
グロティウス	柳原正治
シャンカラ	島岩
ハンナ=アーレント	太田哲男
ミダース王	西澤龍生
ビスマルク	加納邦光
オパーリン	江上生子
アッシジのフランチェスコ	川下勝
スタール夫人	佐藤夏生
セネカ	角田幸彦
ペテロ	川島貞雄
ジョン・スタインベック	中山喜代市
漢の武帝	永田英正
アンデルセン	安達忠夫
ライプニッツ	酒井潔
アメリゴ=ヴェスプッチ	篠原愛人
陸奥宗光	安岡昭男